编者名单

主　编：赵　跃

编　者：赵　跃　韩琛茜　李嘉颖

王　璺　姜　琳　郑启楠

新起点“中国通”系列教材

齐鲁文化

Qilu Culture

赵跃 主编

北京语言大学出版社
BEIJING LANGUAGE AND CULTURE UNIVERSITY PRESS

图书在版编目（CIP）数据

齐鲁文化 / 赵跃主编 . -- 北京 : 北京语言大学出版社 , 2024. 10. -- (新起点“中国通”系列教材).

ISBN 978-7-5619-6588-7

Ⅰ. K295.2

中国国家版本馆 CIP 数据核字第 2024HL2193 号

齐鲁文化

QI-LU WENHUA

责任编辑：付彦白　栾绍森
封面设计：黄　莉　邱　彬
版式设计：邱　彬
排版制作：北京青侣文化创意设计有限公司
部分图片供稿：视觉中国
责任印制：周　燚

出版发行：北京语言大学出版社
社　　址：北京市海淀区学院路 15 号，100083
网　　址：www.blcup.com
电子信箱：service@blcup.com
电　　话：编辑部　8610-82303647/3592/3395
国内发行　8610-82303650/3591/3648
海外发行　8610-82303365/3080/3668
北语书店　8610-82303653
网购咨询　8610-82303908
印　　刷：天津嘉恒印务有限公司

版　　次：2024 年 10 月第 1 版　　印　　次：2024 年 10 月第 1 次印刷
开　　本：889 毫米 × 1194 毫米　1/16　　印　　张：15.25
字　　数：195 千字
定　　价：98.00 元

PRINTED IN CHINA

编写说明

一直以来，丰富多彩的中国区域文化和区域特色都对海外中文学习者有着特别的吸引力，但区域文化教材却一直比较稀缺。随着国际中文教育事业的飞速发展，通识类文化教材远远不能满足学习者不断深化的学习需求。区域文化教材可以完善中高级国际学生课程体系，提高学生跨文化适应力，培育知华友华的国际人才。在这个背景下，《齐鲁文化》应运而生。

《齐鲁文化》是以中华文化为元素的国际中文教育教材，该教材以现行各类大纲、标准和课程规范为依据，结合了海内外第二语言教学和文化类教材编写新理念，可以有效帮助学习者提升中文能力，增进其对中国国情与社会的了解。该教材将中国故事的叙事视角区域化，强调从国际学生视野看齐鲁文化，通过跨文化对话传播中华文化，具有鲜明的文化特色和创新性。在强调国际中文教育健康可持续发展的今天，该教材有助于推动"中文＋区域文化"特色课程建设和资源建设，丰富"中国通"系列课程与教材体系。

适用对象上，该教材适合已经具有中级中文水平、掌握基本中文语法和2500个常用词的中文学习者使用。可供国际学生通识教育核心课使用，可作为中华文化、齐鲁文化公共基础课教材，专业中文进修课、选修课教材。可供海外孔子学院和对齐鲁文化感兴趣的普通受众使用。可满足中高级中文学习者语言文化类课程的学习需求。

编写理念上，"语言文化一体化"是本教材的核心理念。本教材采取综合语言能力培养和文化教学相结合的教材编写模式。既注重对语言知识、语言技能的培养，又注重对人文历史、地理经济等社会文化的讲解。既有中华文化全景式介绍，又有齐鲁文化聚焦式突显，能使学习者全方位认识中国文化与中国国情，增强跨文化交流与合作能力。

编写原则上，注重针对性、区域性、趣味性、地道性和多模态，具体来说：

（1）针对性原则

学习者以中文为媒介了解中国不同区域的风土人情，可以为进一步开展经贸合作、文化合作奠定基础。本教材可以满足对山东文化、齐鲁风情有兴趣的学习群体的迫切需求。

（2）区域性原则

本教材关注中国语言文化和齐鲁地区的独特风采，将中华优秀文化与齐鲁地区的过去、现在和未来相结合，使学习者充分了解身边的文化。

（3）趣味性原则

教材在内容呈现、语料列举和语言讲解方面都注重生活化、趣味化、时代性、烟火气，注重展现当代中国人的现实生活。

（4）地道性原则

语言点的选取注重生活化、地道化表达，让学习者真正学到生活中的语言，掌握与齐鲁文化相关的成语典故。

（5）多模态原则

数字化时代，教材的呈现方式也应该是多模态的。除了纸质教材外，本教材还配有相关微课与视频，力图全景式展现区域文化风貌，实现最优的教学效果。

教学目标上，教材通过全方位展现齐鲁文化的不同层面，提高学习者的中文学习兴趣，以及语言交际能力、文化理解能力和跨文化沟通能力。通过系统的语言技能训练和文化知识教学，提高学习者在具体社会语境和文化规约中准确接收和输出中文的能力。

本册教材共16课，每两课一个专题，分别介绍齐鲁历史地理、文化名人、城市风光、饮食文化、品牌特产等方面的内容。在遵循第二语言教学规律和汲取新的文化教学研究成果的基础上，注重文化内容地方化、讲述方式故事化的国际性表达。强调文化对具体情境的依附性，确保教材科学有趣、好学实用。

教材体例上，课文主体为对话体，辅以叙述体拓展阅读。根据学习者语言水平等级编排内容，重视语言点的螺旋式复现；对话使用自然语言，突出不同文化情境下的语言表达；练习设计丰富多样，注重文化因素与现实社会生活的联结；课后拓展阅读在增强趣味性的同时深化课文内容，适合中高级水平学习者进行拓展学习。

使用建议：本书共16课，建议根据学习者水平，每课用2—4课时完成。教师可根据教学环节，适当安排学生走出教室，利用所学语言文化知识完成具体交际任务。具体教学环节如下：

（1）知识点导航部分，让学生清楚地看到本课要学习的生词、语言点与地道表达，让学生明白本课学习的具体目标和重点。

（2）热身活动部分，通过问题导入课文，有针对性地引入与本课学习有关的社会文化内容，并予以恰当的解释。

（3）文化加油站部分，采用中英对照的形式，对本课文化主题进行提炼，让学生整体了解本课文化点。

（4）生词部分，提供生词的中英文释义，主要涉及HSK四—六级词汇，并做相应的文化类词汇补充。

（5）课文部分，通过有趣的对话引入社会生活文化，注重文化元素的故事性表达，全方位展现当代中国人的社会生活，引导学生回答相关问题。

（6）文化点注释部分，用精练的语言解释对话中出现的文化点，将文化讲解与语言学习相结合。

（7）课后练习部分，主要练习方式为：根据课文内容判断正误、选词填空、语言点学与练、地道表达学与练、文化点配对、讨论与实践。教师可根据学生水平选用练习。

（8）拓展阅读部分，通过提供与本课文化点相关的故事性阅读材料，反映中国丰富多彩的社会生活，展现中国文化的多元与包容。本部分是对课文内容的深化与补充，供学有余力的学生补充阅读使用。

该教材依托教育部中外语言交流合作中心“齐鲁文化”课程项目，已进行了几轮试用与修正，通过全方位的评估、讨论与审订，确保教材科学规范、实用有趣。齐鲁文化是一个内容宏大的篇章，鉴于编者的水平和能力，本教材难免有疏漏和不足之处，敬请专家、学者和使用本教材的师生批评指正，以便再版时改进和完善。

编者

2024 年 6 月

目　录

第一单元　你好山东

第一课　有朋自远方来

生词	语言点	地道表达
1. 旅途	1. 恨不得……	1. 和……聊了一路
2. 好客	2. 不光……，就连……也……	2. 勾起……好奇心
3. 错过	3. 哪能……呢？	3. 入乡随俗
4. 好奇	4. 再……不过了	4. ……正合我意
5. 称呼	5. 怎么着也得……	5. 有朋自远方来，不亦乐乎？
6. 见笑		
7. 安顿		
8. 正宗		
9. 招待		
10. 大饱口福		

热身活动

山东为何被称为“齐鲁圣地”和“礼仪之邦”呢？有人说：“去了山东才知道，煎饼配海鲜味道真是好，青岛啤酒也可以当饮料。”你印象中的山东是什么样的？

文化加油站

印象山东

山东位于太行山以东，地处黄河下游，东临黄海，北濒渤海。这里气候温和，四季分明，物产丰富，风光秀美。地下蕴藏石油、煤炭、黄金等珍贵资源，地上盛产各式各样的瓜果蔬菜，海里更不缺水产海鲜。一方水土养一方人，好山好水养育了山东人。优越的自然条件让人们可以自给自足，不愁吃穿，日子过得非常舒坦。

说到山东，一定离不开“一山一水一圣人”。据说，曾有两位举人在京城参加考试，争着夸赞自己的家乡好。江南举子夸道：“我家乡有千山千水千才子。”山东举子沉思片刻说：“我家乡就一山一水一圣人，但影响巨大。”“一山”，即古代皇帝封禅的泰山，民间称其为“国山”，是国泰民安的象征。“一水”，即黄河或趵突泉，后者被誉为“天下第一泉”，是省会济南市清澈明亮的眼睛。“一圣人”，即孔子，相传他有

▲ 俯瞰山东

弟子三千，作品被千古传诵。中国历史上很多皇帝都来过山东，不是祭泰山，就是拜圣人。所以，山东有很多关于皇帝的故事、传说。

Impression of Shandong

Shandong Province is located in the east of Taihang Mountain and the lower reaches of the Yellow River, facing the Yellow Sea to the east and the Bohai Sea to the north. It has a mild climate with four distinctive seasons, and is rich in natural resources and noted for its glorious scenery. There are precious resources underground, such as oil, coal and gold. Fruits, vegetables, and seafood are abundant here. The resources of an area foster the people there. Charming mountains and rivers bring up and shape Shandong people's character. The superior natural conditions enable people to be self-sufficient. People are free from worry of food and clothing and lead a very comfortable life.

When it comes to Shandong, it must be inseparable from the saying "one mountain, one water and one saint". It is said that there were two *juren* taking part in the imperial examination in the capital and trying to praise their hometowns. The *juren* from the regions south of the Yangtze River said, "There are thousands of mountains, thousands of rivers and thousands of gifted scholars in my hometown." The *juren* from Shandong mused for a while and said, "There is only one mountain, one water, and one saint in my hometown, but their influence is significant." "One mountain" refers to Mount Tai, on which ancient emperors offered sacrifices to heaven and earth. It is known as the "national mountain" and is a symbol of national peace and security. "One water" refers to either the Yellow River or Baotu Spring, the latter of which is canonized as "the No. 1 spring in the world". Baotu Spring is just like the clear and bright eyes of the capital city Jinan. "One saint" refers to Confucius. Legend has it that he had three thousand disciples, and his works have been passed down through the ages. In Chinese history, many emperors have come to Shandong, either to worship Mount Tai or to worship the saint. As a result, there are many stories and legends about emperors in Shandong.

生词

1. 旅途	lǚtú	（名）	journey
2. 好客	hàokè	（形）	hospitable
3. 错过	cuòguò	（动）	miss
4. 好奇	hàoqí	（形）	curious
5. 称呼	chēnghu	（动）	call; address
6. 见笑	jiànxiào	（动）	incur ridicule (for one's poor performance, etc.)
7. 安顿	āndùn	（动）	find a place for
8. 正宗	zhèngzōng	（形）	authentic
9. 招待	zhāodài	（动）	receive (a guest)
10. 大饱口福	dàbǎokǒufú		eat to one's heart's content

课文

（在机场大厅，王莉举着接机牌等待大卫的到来）

大卫：你好，请问是王莉吗？我是大卫。

王莉：是的，很高兴见到你。请跟我来。旅途顺利吗？

大卫：感觉不错！在飞机上，和一个热情的山东人聊了一路。虽说是初次见面，他却恨不得把山东的"好"都介绍给我。

王莉：哈哈，山东人出了名的热情好客，喜欢交朋友。

大卫：我已经感受到了。他不光给我讲了山东的地理、人口、经济等基本情况，就连旅游攻略也替我做好了。还特别讲到“一山一水一圣人”不能错过，这成功勾起了我的好奇心。

王莉：这就是“好客山东”，这段时间你可以慢慢体会。我们先上车，路上再慢慢聊。

（在车上）

司机：老师儿，你好。

大卫：师傅，搞错了。我哪能是老师呢？

司机：在我们这儿，人人都是“老师儿”，这是我们的称呼特色。

王莉：初到一个城市，碰到点儿误会再正常不过了。在济南，“老师儿”后面有儿化音，和真正意义上的“老师”不一样。

大卫：见笑见笑，我还以为叫我老师呢，不好意思。这里的人可太讲礼貌了。

王莉：俗话说“入乡随俗”，之后可以慢慢学。待会儿我们先安顿好行李，再去吃饭，尝一尝正宗的山东味儿。

大卫：太好了，我正想着怎么着也得吃顿鲁菜，这样的安排正合我意。

王莉：“有朋自远方来，不亦乐乎？”朋友来了，怎能不用好酒好菜招待呢？

大卫：太客气了，期待一会儿大饱口福了。

想一想，说一说：

1. 你能用哪几个关键词概括山东人的性格？
2. 想要入乡随俗，你可以怎么做？
3. “有朋自远方来，不亦乐乎？”这句话是什么意思？

文化点注释

❶ 山东的地理位置：山东位于中国东部沿海、黄河下游、京杭大运河的中北段，形似雄鹰。省会为济南市，拥有中国最大的半岛——山东半岛，港口条件优越。

❷ 山东的人口：山东总人口超 1 亿人，位居全国第二。多年来，山东省户籍、常住人口“双过亿”。

❸ 山东的经济：山东是中国北方第一经济大省，在全国经济格局中占有重要地位。农业发达，工业体系完善，海洋产业位居全国前列。

❹ 一山一水一圣人：山东最具有代表性的人文景观，也是山东省的旅游口号。“山”指的是泰山，“水”指的是黄河或趵突泉，“圣人”指的是孔子。

❺ 鲁菜：中国八大菜系之首。主要由济南菜、胶东菜和孔府菜组成。鲁菜在古代曾是宫廷菜，这种起源于山东省淄博市博山区的齐鲁风味，是历史最悠久、技法最丰富、难度最高的菜系。

练习

1. 根据课文内容判断正误

（1）大卫在飞机上和一个山东人聊了一路。（　　）

（2）山东人给人的印象是热情好客。（　　）

（3）当别人用“老师儿”称呼大卫时，他没感到奇怪。（　　）

2. 选词填空

旅途　称呼　见笑　错过　正宗

（1）要注意礼貌，________长者用尊称。

（2）让你________了，我已经考了三次，到现在还没拿到驾照。

（3）人生的________中有快乐，也有伤心。

（4）加班到很晚导致________了末班车。

（5）这家老字号餐厅的卤水鸭是招牌菜，做得一定很________。

3. 语言点学与练

恨不得……

不光……，就连……也……

哪能……呢？

再……不过了

怎么着也得……

（1）恨不得……

① 我饿极了，恨不得一口吞掉一个包子。

② 老师们总是恨不得将所有知识都传授给自己的学生。

③ 离家太久了，她归心似箭，________________________________。

④ 如果当众出丑，________________________________。

（2）不光……，就连……也……

① 这道数学题，不光小孩儿，就连很多家长和大学生也容易做错。

② 演唱会上，不光座位坐满了，就连走道上也站满了人。

③ 红烧肉一上桌就是最受欢迎的菜，________________________________。

④ 他的球技可是出了名的好，________________________________。

（3）哪能……呢？

① 人生哪能没有遗憾呢？

② 你是他最好的朋友，他哪能骗你呢？

③ 朋友之间需要相互信任，________________________________。

④ A：实验失败太多次了，这个研究我真不想做了。

B：________________________________。

（4）再……不过了

① 冬季干燥，来一杯莱阳梨膏冲水再好不过了，清肺化痰。

② 夏天吃冰镇西瓜再合适不过了。

③ 能够做自己喜欢的事情，______________________________。

④ 我们俩从小一起长大，______________________________。

（5）怎么着也得……

① 这次考试非常重要，我怎么着也得通过。

② 开车是一项基本技能，怎么着也得学会。

③ 出席正式场合，______________________________。

④ 工作再忙，______________________________。

4. 地道表达学与练

（1）和……聊了一路

① 昨晚坐出租车，跟司机师傅聊了一路，我觉得挺有意思的。

② 和同行的人聊了一路，发现我们竟然是高中校友。

③ 好朋友多年不见，______________________________。

（2）勾起……好奇心

① 好的文章会用悬念勾起读者的好奇心。

② 这部悬疑电影的开场就很精彩，成功勾起了我的好奇心。

③ 沟通是门艺术，跟人聊天儿______________________________。

④ 神奇的宇宙______________________________。

（3）入乡随俗

① 广告要入乡随俗才能引起消费者的购买欲望。

② 中国人有午睡的习惯，到了中国入乡随俗，中午你也可以休息一会儿。

③ 到了一个新地方，______________________________。

④ A：来中国后，早饭我一直喝豆浆、吃油条。

B：这么快你就______________________________。

（4）……正合我意

①A：等放假了，我们找个海滨城市去度假吧。

B：这样的安排正合我意。

②这款节能车正合我意，我早就想买了。

③A：我做的菜还合你的口味吗？

B：你知道我是无辣不欢的，________________。

④A：你不是要减肥吗？待会儿去打羽毛球，怎么样？

B：________________。

（5）有朋自远方来，不亦乐乎？

①“有朋自远方来，不亦乐乎？”常用来欢迎远道而来的朋友。

②有朋自远方来，不亦乐乎？美丽的风筝之都——潍坊欢迎您的到来。

③A：之后的行程就多劳您费心了。

B：________________。

5. 文化点配对

山东的地理位置	山东旅游的金字招牌
山东的人口	人口数排名全国第二
鲁菜	八大菜系之首
一山一水一圣人	中国东部沿海、黄河下游

6. 讨论与实践

（1）是什么造就了山东人豪爽、好客、仗义的性格？

（2）查阅资料，说一说山东人的待客之道有哪些。

拓展阅读

好客山东欢迎您

“好客”可以让更多人认识、了解并爱上山东。一句“好客山东欢迎您”体现了山东人的热情好客、淳朴厚道和豪爽仗义，是对“有朋自远方来，不亦乐乎?”的最好诠释。山东人的好客是有底气的，这份底气来自古道热肠的文化传承，来自引以为傲的综合实力。

论位置，这里是北方重要的交通枢纽，有全国吞吐量前十的青岛港口，有四通八达的交通网。

论经济，这里工业、农业等产业齐全，“缺啥给啥、缺啥造啥”体现着山东雄厚的经济实力。每逢国家需要，山东总能“硬核”顶上。

论美食，这里有八大菜系之首的鲁菜，从选料、做工到摆盘、上桌处处有讲究。

论风光，这里是大河大海的交汇地，有享誉世界的“一山一水一圣人”，有缅怀先贤的“曲阜三孔”，有“人间仙境”蓬莱、“帆船之都”青岛。山水风光和名胜古迹举不胜举，每一处都让人流连忘返。

论名人，这里有孔孟圣人、“工圣”鲁班、“兵圣”孙武等，无数史书中记载的名人都诞生在这片齐鲁大地。

▲青岛海湾

论现代，这里有闻名全球的青岛国际啤酒节，有国际家电品牌海尔，有“冬暖式蔬菜大棚”的寿光蔬菜。“好品”是山东人的匠心传承和精心制造。

特殊的地理位置和人文环境造就了好客的山东人，从中我们也可以探寻到这个农业、工业大省经济腾飞的密码。

想一想

1. 山东用来推介自己的名片是什么？

2. 你认为山东人好客的底气源于什么？

3. 山东最吸引你的是什么？请用三个关键词描述你心目中的山东。

第二课 为什么叫“齐鲁”？

生词	语言点	地道表达
1. 文物	1. 难怪	1. 这可难不倒我
2. 崇拜	2. 乍看起来	2. 那我考考你
3. 时期	3. 哪怕……都……	3. 我今天才算真正见识到了
4. 陶器	4. 之所以……是因为……	4. 加把劲
5. 厚度	5. 这样一来，……就……了	5. 肯定少不了……（吧）
6. 精品		
7. 难得		
8. 古老		
9. 邻国		
10. 学者		
11. 融合		

热身活动

山东被称为“齐鲁大地”，在这片土地上产生了影响深远的齐鲁文化，你知道“齐鲁”这个名字的由来吗？“齐”和“鲁”又分别指什么呢？

文化加油站

齐鲁大地

“齐鲁”缘于先秦齐、鲁两国。先秦时期，周武王打败商纣王建立西周，先后在全国各地分封了71个诸侯国，在今山东一带主要有齐、鲁两个诸侯国。周武王将他最看重的两个人物——姜子牙和周公，分别封在齐、鲁两地。齐国主要在山东东部，国都在今山东淄博。鲁国主要在山东西部，国都在今山东济宁曲阜。两国地理位置相邻，都属于东夷文化区域，因此，文化上呈现出许多共同特点。齐、鲁百姓都乐于帮助他人、讲求正义，民风质朴。

受当时经济发展状况和国家治理观念的影响，齐、鲁两国的文化也呈现出一定差异。齐国为临海国，重视渔业和工商业，呈现出商业文明的风采，文化包容开放。相较而言，鲁国属于内陆国家，国内平原、丘陵等地区适合发展农业，人们重视传统礼仪，生活勤俭节约。

后来，两国的文化不断融合，并在此基础上形成了“齐鲁”的地域概念。但与齐国相比，鲁国和周王室的关系更为亲近，较好地沿用了“周礼”。而儒家思想与“周礼”有密切的关系，加之儒家学派的创始人孔子出生在鲁国，鲁国便成为儒家思想的发源地。也正因如此，山东的简称选用了“鲁”。

▲淄博风光

▲济宁风光

The Land of Qilu

King Wu of Zhou defeated King Zhou of Shang and established the Western Zhou Dynasty. He successively enfeoffed 71 vassal states throughout the country, with Qi and Lu being the main vassal states in present-day Shandong. King Wu of Zhou enfeoffed two of his most valued figures, Jiang Ziya and Duke of Zhou, respectively in Qi and Lu states. The state of Qi was mainly located in the eastern part of Shandong, with its capital in present-day Zibo, Shandong. The state of Lu was mainly located in western Shandong, with its capital in present-day Qufu, Jining, Shandong. The two states are geographically adjacent and both belong to the Dongyi cultural region. Therefore, they exhibit many common cultural characteristics. The people of Qi and Lu are willing to help others, pursue justice, and have a simple and honest way of life.

Influenced by the economic development situation and national governance concepts at that time, the cultures of the two states of Qi and Lu also showed certain differences. Qi, as a coastal state, attached great importance to fisheries and industry and commerce, presenting the charm of commercial civilization and cultural inclusiveness and openness. In comparison, Lu was an inland state with plains, hills, and other areas suitable for agricultural development. People valued traditional etiquette and lived diligently and frugally.

Later, the cultures of the two states continued to merge, and on this basis, the regional concept of "Qilu" was formed. But compared with the state of Qi, the relationship between the state of Lu and the royal family of Zhou was closer, and the "etiquette of Zhou" was better adopted. Since Confucianism had a close relationship with the "etiquette of Zhou", coupled with the fact that Confucius, the founder of the Confucian school, was born in the state of Lu, the state of Lu became the birthplace of Confucianism. That's why the abbreviation of Shandong was chosen as "Lu".

生词

1. 文物	wénwù	（名）	cultural relic
2. 崇拜	chóngbài	（动）	worship
3. 时期	shíqī	（名）	period
4. 陶器	táoqì	（名）	pottery
5. 厚度	hòudù	（名）	thickness
6. 精品	jīngpǐn	（名）	work created with painstaking effort
7. 难得	nándé	（形）	precious
8. 古老	gǔlǎo	（形）	age-old
9. 邻国	línguó	（名）	neighboring country
10. 学者	xuézhě	（名）	scholar
11. 融合	rónghé	（动）	integrate

课文

（在山东博物馆）

王莉：大卫，你看这些文物，它们都有好几千年的历史呢。

大卫：难怪你要带我来博物馆，这真是学习历史的好地方。齐鲁大地是什么时候开始有文明产生的呢？

王莉：这可难不倒我！早在六七十万年前，就有沂源人生活在这里了。后来，大概八千多年前，东夷人在这里创造了东夷文化。那我考考你，你知道东夷文化的特点是什么吗？

大卫：这我哪知道呀，你就别卖关子了，快给我说说吧。

王莉：东夷文化的一个重要特点是对鸟的崇拜。你看这个陶罐像不像一只仰头唱歌的小鸟？

大卫：确实很像。还有这个，乍看起来像一只和主人要食物的小猪。它们是做什么用的？

▲1959年于山东泰安大汶口遗址出土的红陶兽形壶

王莉：这种兽形陶是用来煮食和盛酒的，它是东夷文化中大汶口文化时期的文物，这一时期的陶器以红陶为主。

大卫：据说齐鲁文化中的黑陶也是非常有名的。

王莉：对，黑陶是东夷文化中龙山文化时期的典型器物。你看这个蛋壳黑陶杯，它的厚度跟蛋壳一样，是黑陶中的精品。这样的杯子哪怕在今天，都十分难得。

▲龙山文化：蛋壳黑陶杯

▲龙山文化：黑陶高柄杯

大卫：早就听说东夷文化发达，我今天才算真正见识到了。那山东为什么被称为“齐鲁大地”呢？

王莉：山东之所以被称为“齐鲁大地”，主要是因为这里曾经有两个相邻的诸侯国——齐国和鲁国。齐国注重武力，修筑了齐长城，这是中国最古老的长城之一。鲁国注重礼仪，诞生了孔子这样伟大的思想家和教育家。

▲山东省淄博市齐长城遗址

大卫：原来是这样。看来，我得加把劲去了解山东的历史文化才行。那既然齐国和鲁国是邻国，这两个国家肯定少不了相互交流吧。

王莉：是的，齐国建立了稷下学宫，学者们可以在这里自由学习，开展学术交流、政治讨论等。这样一来，各国人才就都被吸引来了。后来，齐鲁文化不断融合发展，对中国产生了重要影响。

想一想，说一说：

1. 东夷文化中最有代表性的两个时期是什么？
2. 山东地区为什么被称为“齐鲁大地”？
3. 战国时期，齐国建立稷下学宫有哪些重要影响？

文化点注释

1 **沂源人**：齐鲁大地目前所知最早的居民，生活在70万到50万年前。考古学家在山东省淄博市沂源县发现了沂源人的化石。沂源人脑容量很小，眉骨和嘴巴突出，能制造工具、直立行走。

2 **东夷文化**：距今8000多年前，由生活在鲁中地区的东夷人创造的文化。东夷文化的特点是对鸟的崇拜，其酿酒技术和建筑工艺也比较发达。东夷文化的发展时期中最有名的是大汶口文化时期和龙山文化时期。

3 **大汶口文化时期**：约公元前4300—公元前2600年，分布于黄河下游地区和淮河中下游地区的新石器时代文化。大汶口文化以特点鲜明的陶器为主要特征，最有代表性的是红陶。这些陶器为人们的生活提供便利，有的还会作为随葬品放在墓穴里。

4 **龙山文化时期**：约公元前2600—公元前2000年，龙山文化源自大汶口文化，最早在山东省发现。这一时期，人们制作陶器的工艺水平大大提高，最有代表性的是精美的磨光黑陶。这种陶器薄、硬、光、黑，蛋壳黑陶最为闻名，所以龙山文化也叫“黑陶文化”。

5 **诸侯国**：周王朝用分封制来治理国家，也就是把土地和人民分封给王族、功臣等，让他们到各地去做诸侯。诸侯建立的国家叫作“诸侯国”，各诸侯国要服从周天子的命令，向周天子贡献财物，并派兵随从周天子作战。

6 **齐长城**：齐长城是古代齐国修建的，当时各诸侯国之间经常发生战争，为了抵御敌人的攻击，齐国用了170多年修建了600余千米的长城。齐长城是中国现存比较完整的、年代最早的古代长城之一。

7 **稷下学宫**：战国时期，齐国在国都临淄的稷门附近建立了稷下学宫，这是世界上最早的官办高等学府。在这里，不同国家的学者可以进行学术辩论、政治讨论。稷下学宫促进了当时学术思想的繁荣和国家之间文化的交融。

练习

1. 根据课文内容判断正误

（1）距今 25 万年前，齐鲁大地有沂源人生活。（　　）

（2）东夷文化的重要特点是对陶器的崇拜。（　　）

（3）中国最古老的长城之一是齐国修建的万里长城。（　　）

（4）周王朝用分封制治理国家，各诸侯国建立的国家被称为“诸侯国”。（　　）

（5）鲁国建立了稷下学宫，方便学者们自由地学习和交流。（　　）

2. 选词填空

邻国	难得	崇拜	融合	文物	精品

（1）中国与蒙古国、哈萨克斯坦等 14 个国家是陆上________。

（2）几位专家考证过，这件________是唐朝的。这样精美的瓷器，在今天十分________。

（3）王老师非常________这位作家，对他的小说作品给予了高度评价。

（4）美术馆里展出的油画，每幅都是赏心悦目的________。

（5）了解文化之间的差异和共性，可以更好地促进不同文化的________与发展。

3. 语言点学与练

难怪

乍看起来

哪怕……都……

之所以……是因为……

这样一来，……就……了

（1）难怪

① 他昨天晚上看球赛看到了凌晨 3 点，难怪到中午还没起床。

② 难怪他这么高兴，原来他被一家世界 500 强公司录取了。

③ 这个活动往年一直是由他负责的，这次突然让别人来做，____。

④ 这篇作文完全跑题了，________________________。

（2）乍看起来

① 这个蛇形玩具做得太逼真了吧！乍看起来，还以为是一条真的蛇。

② 这两幅图片乍看起来是一样的，仔细观察细节，才发现有些地方其实并不相同。

③ ________________，但其实 95% 以上的人难以做到一手画圆、一手画方。

④ 他们俩长得好像，________________________。

（3）哪怕……都……

① 生活中哪怕遇到再多困难，我们都要勇往直前，不言放弃。

② 哪怕这条路很长，她妈妈都会陪她一起走。

③ 中国人非常重视春节，________________________。

④ A：这个学校考研竞争非常激烈，我劝你还是换一所吧。

B：________________________________。

（4）之所以……是因为……

① 他之所以错怪了你，是因为没有了解整件事情的经过。

② 航班之所以延误，是因为暴雨天气导致飞机起飞受到影响。

③ 他之所以能够获得今天的成功，________________________。

④ A：他今天为什么这么生气？像是吃了炸药一样。

B：________________________________。

（5）这样一来，……就……了

① 他下午就把作业写完了，这样一来，明天就有时间和朋友去看电影了。

② 每天坚持练习半个小时的书法，这样一来，你的字就会越写越好看了。

③ 养成早睡早起的好习惯，______________________________。

④ 学校设立了旧物回收中心，______________________________。

4. 地道表达学与练

（1）这可难不倒我

① A：听说你是个“中国通”，那你知道中国有多少个民族吗？

B：这可难不倒我，中国共有 56 个民族。

② 一分钟内拼好这个魔方，这可难不倒我，我以前可是专门学习过的。

③ ______________________________，我可是学旅游管理专业的。

④ A：下个月去春游，我们小组的人要一起做菜，你会吗？

B：______________________________。

（2）那我考考你

① 听说你最近在准备 HSK 考试，那我考考你，这个句子怎么翻译？

② 你确定这些题你都会了吗？那我考考你，第三题怎么做？

③ 你说你是学医的，______________________________？

④ 你在这个城市生活了三年，______________________________？

（3）我今天才算真正见识到了

① A：这次大老远来这里看灯会表演，感觉怎么样？

B：早就听说这里的灯会表演非常精彩，我今天才算真正见识到了。

② 之前就听说他性子火暴，我今天才算真正见识到了，他一早上和别人吵了三四次。

③ 都说鲁菜是八大菜系之首，______________________________。

④ A：这件衣服是汉朝的，长度有 128 厘米，重量仅为 48 克，非常轻薄。

B：早就听说汉朝丝织业发达，______________________________。

（4）加把劲

① 距离山顶还有 600 米，加把劲，咱们争取在两个小时之内登顶。

② 要是再不加把劲，下次比赛被淘汰的人可能就是你了。

③ 这次的工作任务时间很紧，__________________________________。

④ __________________________________，前面就是终点了。

（5）肯定少不了……（吧）

① 对中国人来说，端午节的时候肯定少不了吃粽子。

② 刚毕业就能在大城市买这么大的房子，肯定少不了父母的支持吧。

③ 他各方面都这么优秀，__________________________________。

④ 这两家公司在一起合作了 20 多年，______________________________。

5. 文化点配对

世界上最早的官办高等学府	龙山文化时期
约公元前 4300—公元前 2600 年，典型陶器是红陶	沂源人
约公元前 2600—公元前 2000 年，典型陶器是黑陶	齐长城
周王朝分封的国家	稷下学宫
齐鲁大地上最早生活的远古人类	诸侯国
齐国为防范其他国家进攻而修建的军事建筑	东夷文化
齐鲁文化的重要基础，文化特点是对鸟的崇拜	大汶口文化时期

6. 讨论与实践

（1）查阅相关资料，说一说齐文化和鲁文化的特点是什么。

（2）你认为山东的简称为何选用了“鲁”，而不是“齐”？

（3）实地走访或线上了解与齐鲁文化有关的博物馆，介绍一下你最感兴趣的文物。

拓展阅读

探寻“北方海上丝绸之路”

“北方海上丝绸之路”起源于春秋战国时期，是世界上最古老的海上航线之一。这条通道以山东为起点，向北经过辽东半岛连接朝鲜半岛和日本。在历史上，“北方海上丝绸之路”不仅连接着中外的商品贸易，还是中国与外国进行经济文化交往的重要通道。

早在春秋战国时期，齐国人就已经可以利用当地丰富的自然资源发展蚕桑业和各种手工业了。齐国的丝织业非常发达，当地生产的纺织品数量多，质量好。随着商业经济的发展，齐人开辟了海上通道，把丝绸、瓷器等销往邻近的国家。当时，航海行驶的主要目的地在朝鲜半岛与日本群岛等邻近地区。

▲海上航行的集装箱货船

秦朝末年，一些沿海地区的百姓通过这条海上之路迁往海外，客观上促进了中外民间交流。汉朝时期，国家整体实力得到提升，进一步打通了海上丝绸之路，方便了齐燕等地与邻近国家的往来。统治者为了巩固海洋统治，多次东巡山东半岛，也促进了这条丝路的发展。

隋唐统一中国后，各国使者进入中国，大多走的就是这条“北方海上丝绸之路”。唐朝时期，政府扩大与海外国家的交流，“北方海上丝绸之路”由此进入繁荣时期。由于地理位置的优越性，登州港成为当时最重要的港口之一。它既是连接东北亚地区海上丝绸之路的重要枢纽，也是沟通中外经济、促进文化交流的关键港口。

在中国历史上，这条“北方海上丝绸之路”既是中外海洋贸易的重要通道，也是中国和其他国家、地区友好交往的重要渠道，见证了中外友好交往的历史。

想一想

1.“北方海上丝绸之路”的起点是哪里？向北航行分别到达哪些地区？

2. 查阅相关资料，谈一谈“北方海上丝绸之路”的重要性。

第二单元　岱青海蓝

第三课　什么是“有眼不识泰山”？

生词	语言点	地道表达
1. 愉快	1. 不仅仅……更……	1. 一览众山小
2. 山顶	2. 无论如何	2. ……有什么难的？
3. 名副其实	3. 从……来看	3. 有眼不识泰山
4. 五岳之尊	4. A 是 A，但是……	4. 根本看不过来
5. 封禅	5. 起源于	5. 不到长城非好汉
6. 地位		
7. 见识		
8. 名望		
9. 岱庙		
10. 壮观		
11. 好运		
12. 信仰		
13. 物质		

热身活动

泰山坐落于山东省泰安市，它有“五岳之首”“天下第一山”之称，你知道为什么吗？跟这座山有关的“石敢当”又是什么呢？

文化加油站

天下第一山

泰山，位于山东省中部泰安市，有“五岳之首”“天下第一山”之称。泰山主峰海拔 1532.7 米，是百姓崇拜、帝王封禅的“神山”。它象征着家国昌盛、江山稳定、民族团结，有“泰山安，四海皆安”的说法。

泰山风景名胜区以泰山主峰为中心，由自然景观和人文景观融合而成。泰山有四个奇观：泰山日出、云海玉盘、晚霞夕照、黄河金带。观看日出的最佳地点是日观峰，上面建有中国第一座永久性高山气象站——泰山气象站。泰山气象站建于 1935 年，是当时亚洲地势最高、设备最齐全的高山气象站。泰山的人文景观也十分独特，它是中国传统文化的象征，体现了中国人“天人合一”的思想观念。来泰山，一定不能错过“泰山三美”——白菜、豆腐和泉水。泰山泉水富含多种矿物质，它浇灌出来的白菜和用它做成的豆腐也异常美味。

孔子“登泰山而小天下”，意思是说孔子登上泰山就觉得天下变小了。在孔子之后，无数文人名士纷至沓来，给泰山留下了众多名胜古迹。泰山也因此具备了更加深厚的文化内涵，成为东方文明伟大而庄重的象征。

▲ 泰山气象站及日出

The First Mountain under Heaven

Mount Tai, located in Tai'an City, central Shandong Province, is known as "the Top of the Five Sacred Mountains" and "the First Mountain under Heaven". The main peak of Mount Tai is 1,532.7 meters above sea level, which is the "holy mountain" worshipped by the people and granted by the emperor. It symbolizes the prosperity of the families and the country, and the stability and unity of the nation. It is said that "Mount Tai is safe, so is the whole world".

Mount Tai Scenic Area is centered on the main peak of Mount Tai, and is formed by the integration of natural landscape and cultural landscape. Mount Tai has four wonders: the sunrise on Mount Tai, the jade plate in the sea of clouds, the sunset glow and the golden belt of the Yellow River. The best place to watch the sunrise is the Riguan Peak, on which the Mount Tai Meteorological Station, the first permanent alpine meteorological station in China, was built. Built in 1935, it was the highest and most well-equipped alpine meteorological station in Asia at that time. The cultural landscape of Mount Tai is also quite unique. It is a symbol of traditional Chinese culture and reflects the Chinese idea of "unity between heaven and man". When you come to Mount Tai, you must not miss the "three beauties of Mount Tai" – Chinese cabbage, tofu and spring water. The spring water in Mount Tai is rich in various minerals. The Chinese cabbage irrigated by it and the tofu made with it are also very delicious.

Confucius' saying "登泰山而小天下" means that Confucius felt the world become small when he climbed up to Mount Tai. After Confucius, countless literati and celebrities came to Mount Tai, leaving many places of interest to it. As a result, Mount Tai has a deeper cultural connotation and has become a great and solemn symbol of oriental civilization.

生词

1. 愉快	yúkuài	（形）	happy; joyful
2. 山顶	shāndǐng	（名）	mountaintop
3. 名副其实	míngfùqíshí		be worthy of the name
4. 五岳之尊	Wǔ Yuè zhī zūn		top of the Five Sacred Mountains
5. 封禅	fēngshàn	（动）	offer sacrifices to heaven and earth on Mount Tai
6. 地位	dìwèi	（名）	position; status
7. 见识	jiànshi	（名）	knowledge
8. 名望	míngwàng	（名）	fame and prestige
9. 岱庙	Dài Miào		Dai Temple
10. 壮观	zhuàngguān	（形）	magnificent; spectacular
11. 好运	hǎoyùn	（名）	good luck
12. 信仰	xìnyǎng	（名）	faith; belief
13. 物质	wùzhì	（名）	matter; substance

课文

大卫：昨天我去爬泰山了，真是一次愉快的旅行！爬到山顶后，我才体会到什么叫“一览众山小”！

王莉：怎么样，泰山的风景是不是很不错？它不仅仅是中国十大名山之一，更是中国第一个世界文化与自然双重遗产。

大卫：泰山真是名副其实的“五岳之尊”，我无论如何得再去一次。

王莉：你知道为什么泰山不是五岳之中最高的，却被称为“五岳之尊”吗？

大卫：这有什么难的？我知道在中国古代神话“盘古开天地”中，盘古死后，他的头变成了泰山，因此泰山就成了“五岳之首”。

王莉：可以这么说。另外，从历史文化方面来看，中国古代先后有十位皇帝登泰山封禅。而且中国的传统文化又以东方为尊，泰山为东岳，地位自然高。

▲泰山海棠花云海

▲泰山雾凇云海

大卫：我记得中国有句话叫“有眼不识泰山”，是不是说虽然有眼睛，但不认识泰山？

王莉：那倒不是。这句话的意思是说自己的见识太少，有名望的人在自己眼前也认不出来。大卫，你去泰山有没有遇到什么有趣的事？

大卫：岱庙有很多有趣的历史典故，一路上还有很多书法石刻，根本

▲泰山摩崖石刻

看不过来。我印象最深的是“十八盘”，爬起来累是累，但是很有成就感。最后在日观峰看到了日出和云海，非常壮观！

▲泰山南天门十八盘

▲泰山日观峰

王莉：你的收获不少呀。俗话说“不到长城非好汉”，现在看来是不爬泰山也不算好汉。

大卫：我也有同感。对了，我还买了一块刻着“泰山石敢当”的石头，据说会带来好运。

王莉：在很多中国家庭里，都能看到写有“泰山石敢当”的石头。这种做法起源于中国古代对石头的崇拜，是一种灵石信仰。现在“泰山石敢当”已经是国家级非物质文化遗产了。

想一想，说一说：

1. 谈谈泰山为什么被称为“五岳之尊”。
2. 什么叫“有眼不识泰山”？你还知道哪些和泰山有关的俗语？
3. 中国人家中为什么喜欢放“泰山石敢当”？你们国家有类似的文化吗？

文化点注释

❶ **五岳：** 东岳泰山，在山东省泰安市；西岳华山，在陕西省华阴市；南岳衡山，在湖南省衡阳市；北岳恒山，在山西省大同市；中岳嵩山，在河南省登封市。

❷ **盘古开天地：** 中国民间神话传说。盘古是中国古代神话中的创世神，传说盘古完成了开天辟地的丰功伟绩，死后他的身体变成世间万物，因此成为中国人崇拜的神话英雄。

❸ **封禅：** 指中国古代帝王为表明自己受命于天而举行的祭祀天地的大型典礼，“封”为祭天，“禅”为祭地。

❹ **岱庙：** 历代帝王举行封禅大典和祭拜泰山神的地方，俗称“东岳庙”，始建于汉代，是第三批全国重点文物保护单位。

❺ **泰山十八盘：** 泰山登山盘路中最险要的一段，是清代乾隆末年改建盘道时修建的，共有石阶 1600 余级，是泰山的标志性路段。

❻ **日观峰：** 泰山名胜景点之一。位于玉皇顶东南方，因便于观日出而闻名，观日长廊全长 30 米，可以很好地观赏到旭日东升的场面。

❼ **泰山石敢当：** 一般指泰山石敢当习俗。人们多在房外墙角、门口等处立起一块小石碑，碑上刻有“泰山石敢当”字样，其作用是镇宅驱邪、祈求平安。

练习

1. 根据课文内容判断正误

（1）泰山是中国第一个世界文化与自然双重遗产。（　　）

（2）“五岳之尊”是指中国的五座山峰。（　　）

（3）中国传统文化以东方为尊。（　　）

（4）“有眼不识泰山”是说虽然有眼睛，但不认识泰山。（　　）

（5）“泰山石敢当”起源于中国古代对石头的崇拜。（　　）

2. 选词填空

见识	名望	壮观	信仰	名副其实	物质	地位

（1）________是一种发自内心的坚信与肯定，它有一种特殊的力量。

（2）每个人，无论________高低，都有自身的价值。

（3）旅游可以使人开阔眼界，增长________。

（4）他医术高明，在医学界很有________。

（5）听了他的演奏，感觉他真是一个________的音乐家。

（6）人有了________才能生存，有了理想才谈得上生活。

（7）南京长江大桥像彩虹一样横跨长江，非常________。

3. 语言点学与练

不仅仅……更……

无论如何

从……来看

A是A，但是……

起源于

（1）不仅仅……更……

① 这个故事不仅仅有意思，更告诉了人们做人的道理。

② 她不仅仅是我们的老师，更是我们的好朋友。

③ 山东是个好地方，不仅仅风景美，________________________________。

④ A：我们一定要养成读书的好习惯。

B：对，____。

（2）无论如何

① 这事是因你而起的，你无论如何也得想个办法解决。

② 不到长城非好汉，我无论如何也得去一次。

③ 你都好几年没回家过春节了，今年______________________________。

④ A：说是要一起去爬泰山的，你都答应我好几次了。

B：你放心，这次____。

（3）从……来看

① 听说他生病了，但是从他的状态来看，好像没什么大问题。

② 从长远来看，我们一定要选择一个适合自己的职业。

③ ____________________________，她一定是一名有着多年经验的老教师。

④ A：王老师，莉莉最近在学校表现怎么样？

B：____，她进步很大。

（4）A 是 A，但是……

① 这孩子聪明是聪明，但是有点儿懒。

② 川菜好吃是好吃，但是太辣了，我吃不了。

③ 这些药________________________________，但是你吃了病就会好的。

④ A：你看这件衣服样式是不是很好看？

B：____。

（5）起源于

① 起源于德州的扒鸡是山东有名的风味小吃。

② 创新有时起源于对身边小事的思考。

③ “泰山石敢当”____。

④ A：你知道造纸术和火药最早是哪个国家发明的吗？

B：____。

4. 地道表达学与练

（1）一览众山小

① 终于登上了泰山的山顶，真是一览众山小。

② 人生就像登山，只有努力让自己登上最高峰，才能看到“一览众山小”的壮阔。

③ 等爬上山顶，________________，登山的辛苦都被甩在山脚下了。

④ A：实在是太累了，我爬不动了。

B：不能放弃，________________________________。

（2）……有什么难的？

① 不就是把这些积木拼好吗？这有什么难的？

② 剪纸有什么难的？我教你一次，你就能把这个“喜”字剪出来。

③ ________________？你不要太小看我，我一次就能做好。

④ A：这道题你会做吗？我想了很久却没有一点儿思路。

B：________________________？我很快就能做出来。

（3）有眼不识泰山

① 他有眼不识泰山，竟连本行业最有名的专家也没有认出来。

② 我真是有眼不识泰山，刚才多有得罪，还请您原谅。

③ 会议开始前一定要熟悉嘉宾，别到时候________________，把人认错了。

④ A：现在台上讲话的人是谁呀？

B：________________________，他是咱们学校最有名的教授。

（4）根本看不过来

① 上周的菊花展各种各样的菊花都有，我根本看不过来！

② 这么多字你只给我半个小时，根本看不过来。

③ 这家店各种各样的手工艺品应有尽有，________________________。

④ A：大卫，你昨天是不是去山东博物馆了？

B：对，里面的文物真是太多了，________________________。

（5）不到长城非好汉

① 俗话说“不到长城非好汉”，今天我一定要爬上长城，当一回好汉！

② 要实现目标，我们必须要有“不到长城非好汉”的进取精神。

③ 来北京怎么能不爬长城呢？俗话说，________________________，说什么也得去。

④ A：下周末公司要举办一次团建活动，你想去哪里？

B：要不我们去长城吧，____。

5. 文化点配对

中国五座名山中地位最高的	泰山石敢当
起源于中国古代对石头的崇拜，是一种灵石信仰	岱庙
中国古代关于开天辟地的神话故事	盘古开天地
中国古代帝王祭祀天地的大型典礼	泰山
古代帝王举行封禅大典和祭拜泰山神的地方	封禅

6. 讨论与实践

（1）介绍一座你们国家的名山，说说它的特别之处。

（2）去登一次泰山，体验一下一览众山小的感觉，回来后和同学谈谈你的感受。

（3）你知道人们常说的“安如泰山、稳如泰山、重于泰山”是什么意思吗？

拓展阅读

关于泰山的俗语成语

1. 有眼不识泰山
2. 泰山压顶不弯腰
3. 人心齐，泰山移
4. 登泰山而小天下
5. 一叶障目，不见泰山
6. 泰山北斗
7. 人固有一死，或轻于鸿毛，或重于泰山

泰山奶奶争泰山

中国人在遇到难事、请求别人帮助时常会说一句俗语叫“求爷爷，告奶奶”，你知道这里的“爷爷”和“奶奶”分别是指谁吗？他们之间又有什么有趣的故事？

传说，在很久以前的西牛国，有一个相貌端庄、活泼聪明的女子，名叫黄妃。她七岁开始学习道法，十四岁进入泰山的黄花洞修炼。她还有一个哥哥名叫黄飞虎。两人都觉得泰山的风水好，想把泰山作为自己的封地。但是泰山只有一个，到底该给谁呢？一时之间，兄妹二人犯了难。

这时，黄妃灵机一动想出了一个办法。她说：“既然我们都想要泰山，那就公平一点儿，比赛爬山吧，谁先爬到山顶，泰山就给谁，但规则是爬山过程中谁也不能使用法术。”黄飞虎听后觉得主意确实不错，便同意了。

就这样，爬山比赛正式开始了。黄飞虎努力地朝山顶奔去，黄妃则先仔细研究，最终选择了一条距离相对较短的爬山路线，凭借自己的聪明才智率先到达山顶。黄飞虎输得心服口服，所以泰山就给了黄妃。黄妃成了泰山上的神仙——碧霞元君，也就是我们说的泰山奶奶。因为她和蔼可亲，有求必应，深受民众的喜爱和崇拜。

黄飞虎一直对泰山恋恋不舍，最后他留在泰山脚下一直做好事，被附近的百

姓尊称为“泰山神”，并且给他立了一座庙——岱庙。他就是东岳大帝，也被人们称为泰山爷爷。

所以人们常说的俗语“求爷爷，告奶奶”里的“爷爷”就是泰山爷爷，“奶奶”就是泰山奶奶。现在它常用来形容事情到了一定程度自己无力解决，只能请求他人帮助。

▲泰山岱庙，又叫“东岳庙”

想一想

1. “求爷爷，告奶奶”里的“爷爷”和“奶奶”分别是谁？这个俗语是什么意思？

2. 你还知道哪些跟泰山有关的故事？找一找，说一说。

第四课　多彩山东从“河”说起

生词	语言点	地道表达
1. 下游	1. 不光……还……	1. 当之无愧
2. 温和	2. 别看……其实……	2. 原来是这么回事
3. 部落	3. 难免……	3. 在……上下功夫
4. 流域	4. 固然……但是……	4. 有志者事竟成
5. 清澈	5. 无论……都……	
6. 增多		
7. 河床		
8. 水灾		
9. 治理		
10. 下功夫		
11. 放弃		

热身活动

长江是中国第一长河，那你知道中国第二长河是哪条河吗？它有什么特别之处？它在中国人心中又有怎样的地位？

文化加油站

中华母亲河

黄河，中国第二大河，被称为“中华民族的摇篮”。黄河从中国青海省巴颜喀拉山奔流而下，全长 5464 千米，流经 9 个省（区），最后在山东省东营市注入渤海，流域面积 79.5 万平方千米。黄河中段流经黄土高原，支流带入大量泥沙，使黄河成为世界上含沙量最高的河流。黄河最终流入渤海，河海交汇，形成了保护最完整、最广阔的湿地生态系统，是鸟类迁徙的重要中转站。黄河三角洲湿地是五颜六色的，在那里你可以观黄河入海的壮阔，也可以看长河落日的静美。

从公元前 21 世纪的夏朝开始，众多王朝在黄河流域建都的时间总计有 3000 多年，中国历史上的“七大古都”，在黄河流域的就有四座。黄河中下游地区还是中国科学技术和文学艺术发展最早的地区。中国古代的四大发明——造纸术、印刷术、指南针、火药，还有《诗经》、唐诗、宋词等都产生于黄河流域。它们不仅是黄河文明中闪闪发光的瑰宝，推动了中国发展，而且传播到世界各地，促进了全人类的进步。

▲ 黄河日落风光

The Mother River of China

The Yellow River, the second largest river in China, is known as the "cradle of the Chinese nation". The Yellow River flows down from Bayankela Mountain in Qinghai Province, China, with a total length of 5,464 kilometers. It passes through nine provinces and finally flows into the Bohai Sea in Dongying City, Shandong Province, with a basin area of 795,000 square kilometers. The middle section of the Yellow River flows through the Loess Plateau, and its tributaries bring in a large amount of sediment, making it the river with the highest sediment content in the world. The Yellow River eventually flows into the Bohai Sea, where the river and sea meet and forms the most complete and extensive wetland ecosystem, serving as an important transit station for the migration of birds and poultries. The wetlands of the Yellow River Delta are colorful, where you can admire the grandeur of the Yellow River entering the sea and the serene beauty of the sun drooping into the long river.

Since the Xia Dynasty in the 21st century BC, many dynasties had established their capitals in the Yellow River Basin for a total of over 3,000 years. Among the "Seven Ancient Capitals" in Chinese history, there are four located in the Yellow River Basin. The middle and lower reaches of the Yellow River are also the earliest areas for the development of science, technology, literature and art in China. The Four Great Inventions of ancient China—papermaking, movable type printing, compass, gunpowder, as well as the *Book of Songs*, Tang poetry, Song poetry, etc. — all originated from the Yellow River Basin. They are not only the sparkling treasures of the Yellow River civilization that have promoted China's development, but also spread to various parts of the world, promoting the progress of mankind.

生词

1. 下游	xiàyóu	（名）	lower reaches
2. 温和	wēnhé	（形）	mild; moderate
3. 部落	bùluò	（名）	tribe
4. 流域	liúyù	（名）	river basin
5. 清澈	qīngchè	（形）	limpid; clear
6. 增多	zēngduō	（动）	increase
7. 河床	héchuáng	（名）	riverbed
8. 水灾	shuǐzāi	（名）	flood disaster; flooding
9. 治理	zhìlǐ	（动）	bring under control
10. 下功夫	xià gōngfu		put in time and energy
11. 放弃	fàngqì	（动）	give up

课文

（大卫和王莉来到黄河风景区游玩）

大卫：“白日依山尽，黄河入海流”，黄河下游的风景可太美了！

王莉：你的诗用得很准确。其实这里不止有壮观的美景，还有很多珍稀鸟类，是国家级自然保护区。

大卫：真不错，之前我在壶口瀑布感受到了什么叫“黄河之水天上来”，今天又看到了黄河的另一面。

▲壶口瀑布

王莉：黄河还是中华文明的发源地，这里不光有温和的气候，还有肥沃的土地，非常适宜人类居住和生活。

大卫：难怪黄河被中国人称为“母亲河”，它确实是当之无愧。

王莉：当时炎帝和黄帝部落就居住在黄河流域，他们不仅是中原地区的远古居民，也是中华民族的文明开端。

大卫：原来是这么回事。那黄河的名称是因为河水的颜色吗？

王莉：可以这么说。不过你别看下游的水是黄的，其实上游非常清澈。黄河在流经黄土高原后，河水中泥沙增多，才导致河水变黄，所以被称为“黄河”。

▲黄河入海口潮汐图

大卫：泥沙增多会不会带来很多危害？

王莉：泥沙增多会使河床变高，形成“地上河”。地上河容易决口，难免带来一些水灾。

大卫：那可得做好治理工作。我记得中国有个神话故事叫“大禹治水”，说的就是大禹治理黄河的故事吧？

王莉：没错。大禹在治水上下了很多功夫。治理黄河固然不是一朝一夕可以完成的，但是有志者事竟成，代代中国人都在为此努力，治理黄河取得了显著成果。

大卫：太好了。治理环境无论多难都不能放弃，我相信在人类的共同努力下，大自然一定会变得越来越好。

想一想，说一说：

1. 黄河为什么被中国人称为“母亲河”？
2. 黄河下游的水为什么是黄色的？
3. 为了保护黄河，中国人做出了哪些努力？

文化点注释

① **白日依山尽，黄河入海流：** 出自唐朝诗人王之涣的《登鹳雀楼》。意思是夕阳从西山慢慢落下，黄河一路奔流注入大海。

② **壶口瀑布：** 中国第二大瀑布，号称“黄河奇观”。黄河奔流到这里，河口变窄如壶口，所以叫壶口瀑布。

③ **黄河之水天上来：** 出自唐代诗人李白《将进酒》“君不见黄河之水天上来，奔流到海不复回”。意思是说黄河之水好像从天上而来，奔腾到东海而不往回流。

❹ **炎帝：**中国古代姜姓部落的首领，号神农氏。

❺ **黄帝：**中国古代部落联盟首领，五帝之首，被尊称为“人文初祖”。

❻ **黄土高原：**中国四大高原之一，是中国重要的能源、化工基地，也是分布最集中且面积最大的黄土区。

❼ **地上河：**指的是河床高出河两岸的情况。一般出现在河流的中下游地带，因为中下游比较平缓，容易导致泥沙堆积。

❽ **大禹治水：**中国古代的神话故事。三皇五帝时期，黄河泛滥，禹受命负责治水。为了治理洪水，禹长年在外与民众一起奋战，“三过家门而不入”，最终完成了治水的大业。

练习

1. 根据课文内容判断正误

（1）黄河是中华民族的“母亲河”。（　　）

（2）黄河水从源头起就是黄色的。（　　）

（3）黄河流经黄土高原后泥沙增多形成“地上河”。（　　）

（4）“地上河”不会带来水灾，没有危害。（　　）

（5）保护治理黄河没有取得什么效果。（　　）

2. 选词填空

温和　　流域　　清澈　　河床　　治理

（1）上课时，老师总是用________的目光看着大家，使我们感到非常亲切。

（2）我们一定要把环境________好，为子孙后代造福。

（3）持续的干旱少雨天气，使________裂出了一道大口子。

（4）现在，黄河________的居民们过着安居乐业的生活。

（5）每到春天，小河________见底，好像一面大镜子。

3. 语言点学与练

不光……还……
别看……其实……
难免……
固然……但是……
无论……都……

（1）不光……还……

① 这份荣誉不光是你的，还是大家的。

② 美好生活不光是留给有准备的人，还是留给内心有希望的人。

③ 我们明天去爬泰山吧，爬山＿＿＿＿＿＿＿＿＿＿＿＿＿＿＿＿＿＿＿＿＿＿。

④ A：你们班的班长也太厉害了吧！

B：对，他＿＿＿＿＿＿＿＿＿＿＿＿＿＿＿＿＿＿＿＿＿＿＿＿＿＿＿＿。

（2）别看……其实……

① 别看这家饭馆菜很贵，其实味道一般。

② 别看小王平时不怎么说话，其实他很有想法。

③ 别看他长得很瘦，＿＿＿＿＿＿＿＿＿＿＿＿＿＿＿＿＿＿＿＿＿＿＿＿。

④ A：他年纪这么小，能完成这个任务吗？

B：＿＿＿＿＿＿＿＿＿＿＿＿＿＿＿＿＿＿＿＿＿＿＿＿＿＿＿＿＿＿＿。

（3）难免……

① 老同学聚会时难免会回忆一些从前的事情。

② 他们已经相处多年，现在突然要分开，难免有些难过。

③ 这是他第一次参加世界大赛，＿＿＿＿＿＿＿＿＿＿＿＿＿＿＿＿＿＿＿＿。

④ A：昨天我太粗心了，竟然忘记了一个小数点。

B：没关系的，＿＿＿＿＿＿＿＿＿＿＿＿＿＿＿＿＿＿＿＿＿＿＿＿＿＿。

（4）固然……但是……

① 态度固然重要，但是也要付诸行动。

② 书本上的知识固然重要，但是想要真正理解也离不开实践。

③ 能到处旅游固然是好，但是____。

④ A：我平时学得可认真了，感觉期末考试根本不用复习。

B：____。

（5）无论……都……

① 无论工作多忙多累，妈妈都会抽时间来陪伴孩子。

② 在人生的道路上无论遇到多大的困难，都要坚强，不能失去信心。

③ 大卫非常喜欢上书法课，____。

④ A：还有多久才能到山顶呀？

B：____。

4. 地道表达学与练

（1）当之无愧

① 丽丽年年获得奖学金，真是当之无愧的优秀学生，我们要向她学习。

② 老师总是利用休息时间给我们改作业，真是当之无愧的园丁。

③ 泰山不仅风景优美，还有深厚的文化内涵，是______________________________。

④ A：我今天才知道原来老舍被称为“人民艺术家”。

B：没错。老舍先生写了很多优秀的文学作品，____________________________。

（2）原来是这么回事

① 我一直在想这个词为什么用得不对，原来是这么回事。

② 我才知道原来是这么回事，你要不说我就一直误会他了。

③ 上山容易下山难，__________________________________，现在可算体会到了。

④ A：今天不该走这条路，听说前面道路正在抢修。

B：____，我说怎么会堵车。

（3）在……上下功夫

① 他平时就喜欢在画画儿上下功夫，所以才能获得比赛第一名。

② 你要在写作上下功夫了，不然怎么能写出好文章？

③ 要想取得好成绩，平时就要________________________________。

④ A：马上就要篮球比赛了，感觉好紧张。

B：放轻松，只要________________________________一定没问题的。

（4）有志者事竟成

① 俗话说“有志者事竟成”，我觉得我一定可以学好中文。

② 屠呦呦的成功事迹告诉我们有志者事竟成。

③ 你一定要相信，____________________，只要坚持下去一定会获得成功。

④ A：丽丽，我发现数学好难，怎么学也学不会。

B：______________________________，慢慢来，你一定可以学好的。

5. 文化点配对

中国第二大瀑布，号称“黄河奇观”	炎帝
河床高出两岸地面的河	黄帝
中国古代姜姓部落首领，号神农氏	黄土高原
五帝之首，被尊称为“人文初祖”	壶口瀑布
中国分布最集中且面积最大的黄土区	地上河

6. 讨论与实践

（1）假如你是导游，你会怎么介绍黄河？

（2）我们可以采取哪些措施保护水资源？请说一说。

（3）到黄河边去走一走，感受一下黄河的壮阔。

拓展阅读

关于黄河的俗语成语

1. 九曲黄河十八弯
2. 跳进黄河洗不清
3. 不到黄河心不死
4. 三十年河东，三十年河西，莫欺少年穷
5. 中流砥柱

鲤鱼跳龙门

在中国，鲤鱼不仅是人们餐桌上的一道美食，还蕴含着丰富的文化内涵，被认为是吉祥好运的象征。那鲤鱼为什么能代表好运呢？这里有一个有趣的传说。

相传，龙门也叫“禹门”，位于黄河峡谷中，是大禹治水的时候开凿龙门山形成的。河水流经此处无法通行，于是就积聚在山南形成了一个大湖，风景非常漂亮。

▲航拍蜿蜒黄河

居住在黄河流域的鲤鱼们想到龙门观光游玩。于是它们相约结伴而行，一路上说说笑笑，很快就到达了龙门。但是龙门山上没有水路，上不去，它们只能游到龙门的北山脚下。这时，一条大红鲤鱼对大家说：“我有个主意，既然游不过去，我们就跳过去，怎么样？”大家听完都七嘴八舌地讨论了起来：“这么高，我们能跳过去吗？”

就在大家都拿不定主意的时候，大红鲤鱼自告奋勇地说：“这样吧，

我先跳，试一试。”于是，大红鲤鱼就使出浑身力气，纵身一跃，一下子就跳到了半天云里。天火烧掉了它的尾巴，大红鲤鱼感觉非常痛苦，但它还是强忍疼痛往前飞跃，终于跃过了龙门，跳入山南的湖水里。

小伙伴们见此情景，非常害怕，都不想再去冒险了。就在这时，山南的湖水里升起了一条巨龙，还说起了话：“伙伴们不要怕，我跳过龙门变成一条龙了，你们也要勇敢地跳。”

大家听完，十分惊喜，都盼望自己能像大红鲤鱼一样变成威武的龙。于是，它们就一个接一个地开始跳龙门。可是只有少数能够顺利跃过龙门，成为龙；而大多数没有跳过龙门的，就会从空中摔下来，头上留下一个黑色的疤。直到今天，在黄河鲤鱼的头上还能看到这个黑疤。

这就是“鲤鱼跳龙门”的传说。现在人们常用这个俗语来形容在困境中逆流前进、奋发向上，也比喻考试通过、职位提升等飞黄腾达之事。

想一想

1.“鲤鱼跳龙门”的由来是什么？现在这个俗语又是什么意思？

2. 中国文化里“鱼”有哪些象征意义？你还知道哪些其他的中国文化符号？

第三单元　文化圣人

第五课　拜一拜，就有好成绩？

生词	语言点	地道表达
1. 偷偷	1. 与其……不如……	1. ……个正着
2. 缓解	2. 为的是……	2. 临时抱佛脚
3. 顺便	3. 为……所……	3. 活到老学到老
4. 敬仰	4. 随着……而……	4. 担得起……
5. 仅次于	5. 该不会……？	5. 一探究竟
6. 建筑		
7. 纪念		
8. 场面		
9. 盛大		
10. 公认		
11. 熟知		
12. 人才辈出		
13. 趟		

热身活动

山东是中华文化的重要发源地之一，你知道背后的原因吗？你对孔子和孟子这两位圣人有多少了解？你知道“孔孟之乡”在哪里吗？

文化加油站

至圣先师——孔子

素有“孔孟之乡，礼仪之邦”美名的山东，诞生了一大批对中国乃至世界文化产生深远影响的历史文化名人。在大多数人的心目中，最出名的当属圣人孔子。他是世界公认的教育家和思想家，被列为“世界十大文化名人”之首。人们认为孔子集所有圣贤品质于一身，所以常用“至圣先师”“万世师表”来称呼他。

孔子的言行和思想被其弟子和再传弟子们记录在《论语》一书中，这本书是研究孔子思想最重要的文献材料。孔子的核心思想是“仁”和“礼”，二者相辅相成。“仁”是内在品质，强调关爱别人；“礼”是外在规范，即现代意义上的秩序和制度。孔子思想还体现在政治、道德、教育等多个方面，如“为政以德”“见贤思齐”“学以致用”等，这些极大地影响了中华文化思想的发展方向。

▲孔子雕像

Confucius, the Holiest Teacher

Shandong, known as the "hometown of Confucius and Mencius and the land of etiquette", has produced a large number of historical and cultural celebrities who have had a profound impact on Chinese and even world culture. In the minds of most people, the most famous one is undoubtedly Confucius, the saint. He is a globally recognized educator and thinker, ranked first among the "Top Ten Cultural Celebrities of the World". People believe that Confucius embodies all the qualities of a saint, so he is often referred to as the "Holiest Teacher" or the "Exemplary Teacher of All Ages".

Confucius' words, deeds, and ideas were recorded by his disciples and followers in the book *The Analects*, which is the most important literature material for studying Confucius' ideas. The core ideas of Confucius are "benevolence" and "etiquette", which complement each other. "Benevolence" is an intrinsic quality that emphasizes caring for others and "etiquette" is an external norm, which refers to the order and system in the modern sense. The ideas of Confucius are also reflected in various aspects such as politics, morality, and education, including "governing with virtue", "learning from the wise", "applying knowledge to practice", etc. These have greatly influenced the development direction of Chinese cultural thought.

生词

1. 偷偷	tōutōu	（副）	secretly; stealthily
2. 缓解	huǎnjiě	（动）	alleviate; ease up
3. 顺便	shùnbiàn	（副）	in passing; by the way

4. 敬仰	jìngyǎng	（动）	revere; venerate
5. 仅次于	jǐn cì yú		second only to…; preceded only by
6. 建筑	jiànzhù	（名）	architecture
7. 纪念	jìniàn	（动）	commemorate
8. 场面	chǎngmiàn	（名）	scene; occasion
9. 盛大	shèngdà	（形）	grand; magnificent
10. 公认	gōngrèn	（动）	universally acknowledge
11. 熟知	shúzhī	（动）	know very well
12. 人才辈出	réncái bèichū		*people of talent emerge in succession*
13. 趟	tàng	（量）	*used of a trip or a vehicle that makes a trip*

课文

（考试周到了，学校孔子雕像前的人多了起来。这一天，大卫也偷偷地来了……）

王莉：大卫，没想到被我撞个正着吧！你也来拜孔子像了？

大卫：这不是要期末考试了，来求个好成绩。

王莉：说实话，与其拜孔子不如向孔子学习，临时抱佛脚可不行，关键要在平时的学习上下功夫。

大卫：　我这可不是封建迷信。我觉得拜一拜能缓解考前的紧张，顺便表达对孔子的敬仰。

王莉：　拜我们学校这孔子像可能还不够，曲阜有一座全世界最大的孔子像，有机会你去那儿瞧瞧吧。

大卫：　曲阜我知道，当地最有名的是“曲阜三孔”，也就是孔府、孔庙和孔林。

王莉：　没错。孔庙是中国现存规模仅次于北京故宫的古建筑群，那里每年会举行祭孔大典，为的是纪念孔子，传承思想。

大卫：　据说那场面盛大极了。

▲孔庙古建筑群

王莉：孔子不仅是山东的历史名人，更属于中国，现在已经走向了世界。他是全世界公认的思想家、教育家，他的核心思想“仁”和“礼”，以及有教无类、因材施教等教育理念为世人所熟知。

大卫：听说孔子七十多岁了还在坚持学习，一辈子活到老学到老，真是我们学习的好榜样。

王莉：孔子的确担得起“万世师表”的称号。孔子之后，孟子继承了他的思想。以孔孟为代表的儒家思想是中华文化最重要的组成部分，儒家思想也随着时代发展而不断完善。

▲孔子博物馆内景

大卫：既然提到了孟子，他的故乡该不会也在山东吧？

王莉：孟子故里在山东邹城。孟母三迁的故事就发生在那儿。

大卫：不得不说山东真是块宝地，人才辈出啊。

王莉：不过，在世界上名气最大的当然还是孔子了。来都来了，为什么不亲自去一趟孔孟的故乡呢？

大卫：总不能白来一趟山东，有机会一定去一探究竟。

王莉：心动不如行动，这周末我们就一起去吧！

想一想，说一说：

1. 大卫考试前为什么要去拜孔子像？
2. 曲阜和邹城都被列为中国历史文化名城，当地因什么而出名？

文化点注释

❶ **曲阜三孔：**曲阜是孔子的故乡，其中的孔府、孔庙、孔林，统称“三孔”。“曲阜三孔”是中国历代纪念孔子的圣地，被联合国教科文组织列为世界文化遗产。

❷ **祭孔大典：**孔庙（或文庙）举行的隆重祭祀仪式，一般于每年孔子诞辰时举行。祭孔大典表演综合了乐、歌、舞、礼等艺术形式，2006 年被列入第一批国家级非物质文化遗产代表性项目名录。

❸ **孔子的核心思想“仁”和“礼”：**“仁”和“礼”是孔子思想的主要内容。“仁”指的是内在的道德修养，即仁者爱人，要关爱别人；“礼”可以理解为礼仪、礼制等外在形式，即“克己复礼”，倡导用“礼”来治理国家。

❹ **有教无类：**不论什么身份的人都可以接受教育。中国古代把人分成了不同的等级，只有贵族才有受教育的权利。孔子的“有教无类”思想体现了朴素的教育平等精神。

⑤ **因材施教**：根据学生的不同特点，采用不同的教育方法，进行有针对性的教学。

⑥ **孟子故里**：孟子出生地为战国时期邹国（今山东邹城市），与曲阜紧邻，当地有孟府、孟庙、孟林、孟母祠等古建筑群。孟子继承发展了孔子的思想，是儒家学派的另一大代表人物，被后世尊称为“亚圣”。

练习

1. 根据课文内容判断正误

（1）为了求个好成绩，大卫考前去拜孔子像是封建迷信的表现。（ ）

（2）曲阜是孔子的故乡，“曲阜三孔”指的是孔府、孔庙和孔园。（ ）

（3）为了纪念孔子，山东曲阜每年都会举行祭孔大典。（ ）

（4）孟母三迁的故事发生在山东邹城。（ ）

（5）儒家思想是中华文化的重要组成部分，儒家学派的代表人物有孔子和孟子。（ ）

2. 选词填空

偷偷	人才辈出	敬仰	场面	公认	仅次于

（1）为了纪念孔子诞辰，学校举办了诵读《论语》的活动来表达对孔子的________。

（2）男孩儿迟到了，他________地从后门溜进了教室。

（3）何氏家族在明清年间 ________，声名远播。

（4）世界杯是足球界________的最盛大的体育赛事。

（5）五百架无人机齐聚天空，变换着各种各样的图案，________十分壮观。

（6）在中国，中秋节是________春节的重要传统节日。

3. 语言点学与练

与其……不如……
为的是……
为……所……
随着……而……
该不会……？

（1）与其……不如……

① 与其玩手机浪费时间，不如去做些有意义的事情。

② 与其在这儿瞎猜，不如亲自去问一问原因。

③ 与其在家里闲着，＿＿＿＿＿＿＿＿＿＿＿＿＿＿＿＿＿＿＿＿。

④ ＿＿＿＿＿＿＿＿＿＿＿＿＿＿＿＿＿＿＿＿，不如平时多努力。

（2）为的是……

① 大多数游客选择坐火车去西藏，为的是欣赏沿途的风景。

② 过年期间，小朋友们都喜欢跟着父母去拜年，为的是拿压岁钱。

③ 父母每天这么辛苦地工作，＿＿＿＿＿＿＿＿＿＿＿＿＿＿＿＿＿＿＿＿。

④ 我这么努力学习中文，＿＿＿＿＿＿＿＿＿＿＿＿＿＿＿＿＿＿＿＿。

（3）为……所……

① 为生活所迫，很多偏远山村的人不得不外出打工。

② 初入职场，年轻人容易为一些人际关系所困扰。

③ 现代社会，心理健康＿＿＿＿＿＿＿＿＿＿＿＿＿＿＿＿＿＿＿＿。

④ 环境污染问题＿＿＿＿＿＿＿＿＿＿＿＿＿＿＿＿＿＿＿＿。

（4）随着……而……

① 岁月不饶人，人的皮肤会随着年龄的增长而变得松弛。

② 政策会随着人口、经济等的变化而做出调整。

③ 人的记忆力会 ______________________________。

④ 人们的生活条件______________________________越来越好。

（5）该不会……？

① 她上周就辞职了，你该不会还不知道吧？

② 瞧这大黑眼圈，你昨晚该不会熬通宵了吧？

③ 说好游戏机借我玩几天的，现在怎么犹豫了。______________________________？

④ 打雷了，______________________________？

4. 地道表达学与练

（1）……个正着

① 王迪偷偷跑出去玩儿，不料被父亲撞个正着。

② 他考试作弊被老师抓了个正着。

③ 啊，小心！刚才我们差点儿和那辆车 ______________________________！

④ 上班期间玩手机被老板 ______________________________。

（2）临时抱佛脚

① 平时不烧香，临时抱佛脚。

② 这次期末没考好，给我的教训是下次一定不能临时抱佛脚。

③ 做任何事都要脚踏实地，______________________________。

④ 运动员的成绩是靠平时练出来的，______________________________。

（3）活到老学到老

① 终生学习意味着活到老学到老。

② 俗话说，活到老学到老，我们应该鼓励和支持好学的老年人。

③ 知识是无穷无尽的，______________________________。

④ 退休生活依然可以丰富多彩，______________________________。

（4）担得起……

① 他是首位粉丝量过亿的明星，担得起“人气王”的称号。

② 经得住考验才担得起赞美，好的产品也不例外。

③ 酒后还开车，你 ____?

④ 这个演员的演技真是太好了，____。

（5）一探究竟

① 为了解开谜团，科学家们准备进入丛林一探究竟。

② 湖南特色美食吸引了无数人前往当地一探究竟，来一场舌尖上的旅行。

③ 魔术表演太神奇了，____。

④ 楼下新开了一家无人超市，____。

5. 文化点配对

孔子的核心思想	有教无类
孔府、孔庙、孔林	因材施教
为了儿子成才，孟母三次搬家	仁、礼
每年孔子诞辰时所举行的盛大祭祀仪式	孟母三迁
不分等级，人人都能接受教育	“三孔”
根据学生的差异和特点施行不同的教育	祭孔大典

6. 讨论与实践

（1）孔子为什么被称为“万世师表”？说一说你的理解。

（2）选择一条孔子的教育思想，谈一谈带给你的启发。

（3）请制订一份去曲阜或邹城的旅游攻略，向大家介绍你的安排及理由。

拓展阅读

孔子的传奇一生

说起孔子，估计无人不知、无人不晓，但你真正了解孔子的身世吗？

孔子，名丘，字仲尼。这名字背后有什么样的故事呢？相传，孔子出生在尼丘山的一个山洞中，所以名与字各从“尼丘”中取一字，名为“丘”，字则用“尼”，“仲”讲的是他在家中排行第二（伯、仲、叔、季）。后世为避他的名讳，将尼丘山改名为尼山，尼山夫子洞也成为朝拜孔子的圣地。

孔子的父亲在他三岁时去世了，他便跟随母亲搬到鲁国国都曲阜居住。孔子从小聪明好学，阅读了大量有关周礼的典籍，被当时人称赞“博学好礼”。15 岁那年，他从一个饱尝生活艰辛的少年，成长为一个坚守周礼、有志从政的知识青年。但是，在那个诸侯国相互争斗、政治格局复杂的时代，他的思想主张根本得不到重视。在鲁国不得志后，孔子开始周游列国，他实现政治理想的道路充满了坎坷。

▲济宁曲阜尼山圣境

在外漂泊14年后，68岁的孔子重新回到鲁国，开始专注于教育。他兴办私学，广收学生，主张“有教无类”“学而优则仕”。相传，他有弟子三千，贤者七十二人，达者三人。公元前479年，孔子去世，终年73岁。他的弟子及再传弟子们将孔子及其弟子的言行和事迹汇编成《论语》一书，全书共20篇492章。

此外，鲜为人知的还有孔子并非文弱书生的形象，他身高九尺三寸，膂力过人，酒量非凡。据说他从来没喝醉过，却从来不以勇武和酒量为豪。

想一想

1. 孔子为什么取名为丘、字仲尼？

2. 孔子的一生传奇在哪里？谈一谈你心目中的孔子形象。

第六课 山东名人知多少

生词	语言点	地道表达
1. 书法	1. 没有任何……能……	1. 吓我 / 了一跳
2. 厉害	2. 够……（的）了	2. 拿定主意
3. 毫不夸张	3. 和 B 不同，A……	3. 我倒是早有耳闻
4. 军事	4. 不瞒你说	4. 哪里哪里，还得多向你（们）请教
5. 领域	5. 说到……会……	5. 一言为定
6. 人物		
7. 豪放		
8. 婉约		
9. 推荐		
10. 鬼怪		
11. 当代		

热身活动

在历史长河中，山东诞生了一群影响后世的璀璨明星。除了儒学大家孔子和孟子，你还知道哪些人呢？简单讲一讲他们的故事。

文化加油站

山东名人 华夏智囊

古往今来，齐鲁大地名人辈出。儒家圣人孔子、孟子，“工圣”鲁班，“算圣”刘洪，军事家诸葛亮、孙武、孙膑，书法家王羲之，词人李清照、辛弃疾等一大批名人都出自山东，他们堪称“华夏智囊”。

鲁班是战国时期鲁国人，他从小就和家人一起参与建筑工程实践。在这些实践中，他积累了很多经验，发明了各种各样的工具，如锯子、曲尺等。这些发明创造大大方便了人们的日常生活，所以人们尊称鲁班为“工圣”。

刘洪是东汉鲁王刘兴的后代，他从小就在数学方面表现出了超人的天赋。他发明了算盘和多套简化当时算术方法的口诀，大大提高了算术效率，人们称其为“算圣”。

在历史的长河中，齐鲁大地上出现了很多像他们一样的杰出人物，他们的思想理论、智慧成就构成了山东历史文化的重要部分，对中华民族的发展产生了重要影响。

▲鲁班锁

Celebrities of Shandong, Think Tanks of China

Throughout the ages, celebrities in the land of Qilu have come forth in large numbers, such as the Confucian saints Confucius and Mencius, the craftsmen's saint Lu Ban, the saint of arithmetic Liu Hong, the military strategists Zhuge Liang, Sun Wu and Sun Bin, the calligrapher Wang Xizhi, and the *ci* writers such as Li Qingzhao and Xin Qiji. They can be reputed as the "think tanks of China".

Lu Ban was a native of the state of Lu during the Warring States period. He has been participating in construction practices with his family since childhood. In these practices, he accumulated much experience and invented various tools such as the saw, the curved ruler, etc. These inventions and creations greatly facilitated people's daily lives, so people respectfully referred to Lu Ban as the "craftsmen's saint".

Liu Hong is a descendant of Liu Xing, the King of Lu in the Eastern Han Dynasty. He has shown extraordinary talents in mathematics since childhood. He invented the abacus and multiple sets of mnemonics that simplified the arithmetic methods of the time, greatly improving the efficiency of arithmetic. People called him the "saint of arithmetic".

In the long river of history, many outstanding figures like them have emerged in the land of Qilu. Their ideological theories and intellectual achievements constitute an important part of Shandong's history and culture, and have had a significant impact on the development of Chinese nation.

生词

1. 书法	shūfǎ	（名）	calligraphy
2. 厉害	lìhai	（形）	awesome
3. 毫不夸张	háo bù kuāzhāng		no exaggeration
4. 军事	jūnshì	（名）	military
5. 领域	lǐngyù	（名）	field; domain
6. 人物	rénwù	（名）	figure; person (in a given field/ with particular traits)
7. 豪放	háofàng	（形）	bold and unconstrained
8. 婉约	wǎnyuē	（形）	graceful and restrained
9. 推荐	tuījiàn	（动）	recommend
10. 鬼怪	guǐguài	（名）	ghosts and monsters
11. 当代	dāngdài	（名）	contemporary era

课文

（在山东书展）

大卫：（轻拍王莉后背）王莉，看什么看得这么入迷？

王莉：吓我一跳，你也来书展了，我在看这本《王羲之书法集》。

大卫：听说王羲之被誉为“书圣”，想必他的书法一定很厉害吧。

王莉：王羲之的书法刚劲有力，他之所以能成为“书圣”，靠的是自己的天赋和努力。传说他在池塘边练字，洗笔的水把池塘都染黑了。毫不夸张地说，没有任何困难能阻挡他学习书法。

大卫：怪不得他能成为一代书法大家呢。那他的哪件书法作品最有名？

王莉：当然要数被称为“天下第一行书”的《兰亭集序》了。

▲王羲之故居旅游景区

大卫：快给我看看。这字写得真不一般，“天下第一”是有道理的。

王莉：你拿定主意要买哪些书了吗？

大卫：我想选一些比较经典的作品。

王莉：这边是中国古代作品区，光是这些就够你选的了。这本《孙子兵法》不知道你有没有兴趣？

大卫：我知道孙武是中国的“兵圣”，《孙子兵法》在我们国家也很有名。

王莉：和其他兵书不同，《孙子兵法》不仅是军事著作，还能应用到现代管理学领域。

大卫：那我可得买来看看，增长增长见识。

▲山东滨州孙子兵法城

王莉：说不定你看了之后，对企业管理会有更深的认识。这边是一些诗词作品，你可以看看辛弃疾和李清照的，他们都是宋代词坛的代表人物。辛弃疾的词非常豪放，李清照的词比较婉约。

大卫：不瞒你说，这两位的诗词我倒是早有耳闻，但就是怕读不懂。我对小说非常感兴趣，你有什么推荐的吗？

王莉：小说的话，你可以买本蒲松龄的《聊斋志异》，这本书里有很多鬼怪故事。

大卫：听起来好像还挺有趣的，那我买一本吧。

王莉：我们再去那边中国当代文学作品区看看。说到山东当代作家，你第一个会想到谁？

大卫：当然是莫言，他可是诺贝尔文学奖得主！

王莉：看来你的知识面挺广啊。

大卫：哪里哪里，还得多向你请教。我先买这几本，下次我们再来。

王莉：好，一言为定。

想一想，说一说：

1. 大卫买了哪几本书？
2. 王羲之的哪部书法作品被称为“天下第一行书”？
3. 辛弃疾和李清照的词作各有什么特点？

文化点注释

1 **王羲之：**魏晋时期著名书法家，琅邪临沂人。王羲之极具书法天赋，擅长行书、隶书、楷书等各体，被称为“书圣”。代表作《兰亭集序》，其文学价值和书法价值极高，被誉为“天下第一行书”。

2 **孙武：**春秋时期著名的军事家、思想家，被后人尊称为“兵圣”。孙武一生认真钻研兵法，有着突出的军事才能，其代表作是《孙子兵法》。这本书不仅是军事著作，还能应用于现代管理学领域。

3 **辛弃疾：**南宋文学家，豪放派词人，字幼安。他的诗词多表达爱国热情，赞美山河。

4 **李清照：**宋代婉约派词人，号易安居士。她的词早期多写少女闲愁，表达对爱情的向往和相思的痛苦；后期词风转变，多表达故国之思。

5 **济南二安：**指辛弃疾和李清照，两人同是著名词人，出生地都在济南。因为他们的字或号中都有个“安”字，所以后人将二人并称为“济南二安”。

6 **蒲松龄：**清代文学家，淄川（今山东淄博市淄川区）人，后人称其为“聊斋先生”。“聊斋”是蒲松龄的书斋名，蒲松龄在书斋中设茶棚，向来往行人询问奇闻怪事，然后改编成了故事集《聊斋志异》。

7 **莫言：**中国当代著名文学家，山东高密人。2012 年 10 月，莫言成为首位中国籍诺贝尔文学奖获得者，代表作有《红高粱家族》《蛙》《食草家族》等。

练习

1. 根据课文内容判断正误

（1）孙武被誉为“工圣”，代表作为《孙子兵法》。（　　）

（2）辛弃疾和李清照是唐代词坛的代表人物。（　　）

（3）《聊斋志异》主要写一些鬼怪故事。（　　）

（4）王羲之被后世的人称为“书圣”。　（　　）

（5）莫言是中国当代作家，曾获诺贝尔文学奖。　（　　）

2. 选词填空

豪放　领域　厉害　婉约　毫不夸张　推荐

（1）宋词分为两个大的流派，________派和________派。前者的代表人物是辛弃疾，后者的代表人物是李清照。

（2）李白的经典名篇传诵千年，对后世诗歌影响很大。说他是中国最伟大的诗人之一，这一点________。

（3）他是个很________的青年艺术家，曾在国内外获得过多项大奖。

（4）牛顿是一个科学天才，他在科学________有很多重要贡献。

（5）张明非常优秀，对同学很热情，我极力________他当班长。

3. 语言点学与练

没有任何……能……

够……（的）了

和B不同，A……

不瞒你说

说到……会……

（1）没有任何……能……

① 他下定决心要当一名主持人，没有任何事情能改变他的这个决定。

② 没有任何困难能成为我们通往成功的绊脚石。

③ 在班里，他的数学成绩非常好，________________________________。

④ 这是一家百年老店，____。

（2）够……（的）了

① 我以为今天来得够早了，没想到这家早餐店的人还是那么多。

② 杰克父母的要求也太高了吧，他上次考试已经考得够好的了，他们居然还是不满意。

③ ______________________________________，你就不要再数落他了。

④ ___________________________________，没想到换了工作后更辛苦了。

（3）和B不同，A……

① 和以前的手机不同，5G手机具备速度快、定位准等特点。

② 这是防近视笔，和普通的笔不同，这种笔不只是用来写字的，还可以调整坐姿、预防近视。

③ ____________________________，这种折叠式自行车能节约空间，更加轻便。

④ ______________________________，他很小的时候就显露出画画儿的天赋了。

（4）不瞒你说

① 不瞒你说，刚来的时候，我不太了解山东文化，闹了不少笑话。

② 不瞒你说，我去年就应该毕业了，读书期间因为生病休学了一年。

③ A：你可太厉害了，敢出手抓住那个小偷儿。你难道就不怕吗？

B：______________________________________，但我当时没想那么多。

④ A：马上就要考试了，你现在感觉怎么样？

B：____。

（5）说到……会……

① 说到中国最火的影视明星，你会想起谁？

② 说到班上最刻苦的学生，大家第一个会想到张明。

③ ____，人们会想到北京烤鸭。

④ 说到埃及，____。

4. 地道表达学与练

（1）吓我 / 了一跳

① 你走路怎么没声啊，吓我一跳。

② 你怎么突然从这里跳了出来，我们都被吓了一跳。

③ 楼上突然掉下来一个花瓶，________________________________。

④ 我还以为护照丢了，________________________________。

（2）拿定主意

① 下午玛丽要和男朋友约会，但到底穿哪条裙子，她现在还没拿定主意。

② 你究竟要不要和我们去市中心购物？快点儿拿定主意吧。

③ 大卫最近准备买车，他去看了很多款车，________________________________。

④ 李立收到了两个工作面试通知，但面试时间都在明天上午，________________

____。

（3）我倒是早有耳闻

①《西游记》我倒是早有耳闻，它在我们国家也很有名，不过我还没看过。

② 你们学院的李明，我倒是早有耳闻，听说之前还上过电视节目。

③ 这位舞蹈演员在当地小有名气，________________________________。

④ 我不知道这个吉他手是谁，但这个乐队我之前听说过。

改写：____。

（4）哪里哪里，还得多向你（们）请教

① A：你能参加这次主持人大赛，说明你专业能力特别扎实。

B：哪里哪里，还得多向你请教。这段时间和你合作，我也学到了不少。

② A：早就听说你是个“中国通”，今天和你出来玩我才算见识到了。

B：哪里哪里，还得多向你们请教。

③ A：恭喜你，在这次表演比赛中获得了一等奖！不愧是我们班最厉害的人。

B：____。

④ A：早就听说你很擅长插花，今天看了你的插花作品，的确比我的要好。

B：____。

（5）一言为定

① 咱们一言为定，明天上午八点在校门口集合，不见不散。

② A：这次吃饭你请客，下次一定让我请。

B：好，一言为定，下次绝不和你抢。

③ 朋友约你周末一起去野炊。你可以对他说：“__________________________。”

④ A：下个月这部爱情片就上映了，到时候我们一起去看。

B：____。

5. 文化点配对

中国当代著名作家，曾获得诺贝尔文学奖	孙武
宋代婉约派代表词人，词中充满愁情	蒲松龄
清代文学家，代表作为《聊斋志异》	辛弃疾
魏晋时期著名书法家，被称为“书圣”	莫言
宋代著名的军事家和文学家，词风豪放，多表达爱国之情	李清照
春秋时期著名的军事家和政治家，被后人称为“兵圣”	王羲之

6. 讨论与实践

（1）山东名人众多，假如你可以回到古代，你最想和谁做朋友？

（2）你对课文中提到的哪部文学作品感兴趣？选择一个，介绍一下主要情节。

（3）你们国家有哪些名人？他们有哪些故事？

拓展阅读

天下第一行书

书法是中国的国粹之一，中国书法史上有许多杰出的艺术作品。其中，最负盛名的是被誉为“天下第一行书”的《兰亭集序》，它的创作者是魏晋时期著名的书法家王羲之。

王羲之在三十多岁时，就辞官回家了。辞官后，他经常和朋友们一起游山玩水。在公元353年农历三月初三上巳节这天，王羲之和朋友们到会稽郡山阴城的兰亭游玩，他们在清幽的树林间、清澈的溪水旁进行曲水流觞的活动。大家坐在河水两岸，在上游放置酒杯，让酒杯顺流而下，酒杯停到谁的面前，谁就要饮酒作诗。一场游戏下来，大家一共作了37首诗。

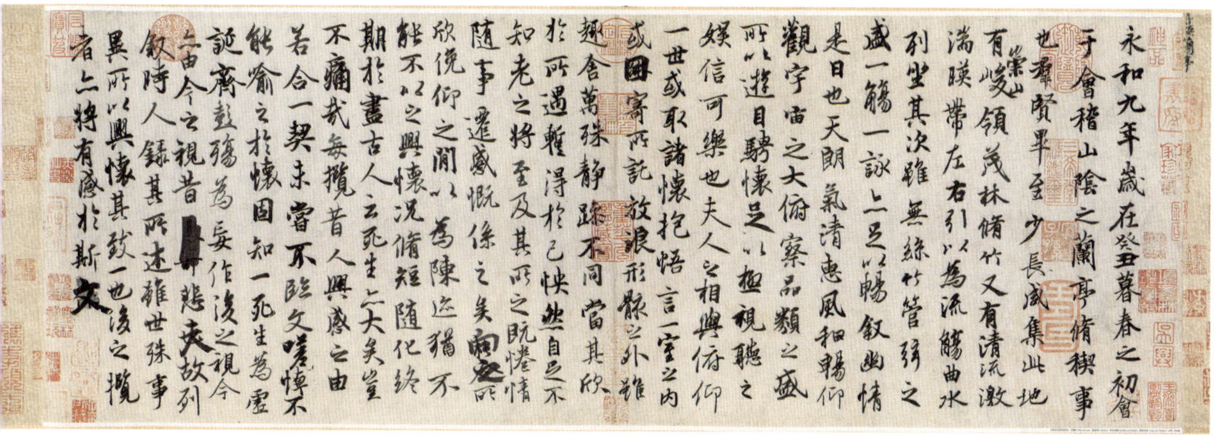

▲《兰亭集序》

他们把这些诗编成册子，取名为《兰亭集》，还让王羲之为《兰亭集》作序。在温暖的春日，听着潺潺的流水声，看着相聚的朋友们，王羲之有感而发，拿起毛笔写下了《兰亭集序》这篇作品，受到大家的一致赞扬。几天后，王羲之又照着写了几遍，但都没有第一次写得好。他觉得当时是有神仙在帮助自己，所以才能写得如此精彩，于是便将《兰亭集序》当作传家宝留给后代。

此后，《兰亭集序》受到了历朝历代书法爱好者的喜爱和推崇。唐朝皇帝唐太宗也十分欣赏这部作品，据说《兰亭集序》在他死后成了他的陪葬品之一。现在大家看到的都是后人临摹的版本。

想一想

1. 请你介绍一下“曲水流觞”这种游戏。

2. 假设你也参加了兰亭集会，你认为王羲之当时为什么能写出《兰亭集序》？

3. 查阅资料，说一说中国的书法大家还有哪些，他们的书法有什么特点。

第四单元　老城记忆

第七课　泉水人家的老城记忆

生词	语言点	地道表达
1. 香味	1. 再……也……	1. 七分水，三分茶
2. 名贵	2. 要不然……	2. 来日方长
3. 上瘾	3. 怪不得	3. 一眨眼的工夫
4. 打卡	4.（不过）话又说回来	4. 看来你是上瘾了
5. 建造	5. 有 A 有 B	5. 时间不等人
6. 攻略		
7. 沿着		
8. 景点		
9. 有备而来		
10. 记忆		

热身活动

许多城市都有自己的别称，你知道济南的别称是什么吗？它的别称是从哪里来的？济南和泉水又有怎样的故事呢？

文化加油站

泉水叮咚话济南

济南是中国泉水最多的城市，泉流成河，再汇成湖，形成了泉、河、湖、城一体的独特风光。“家家泉水，户户垂杨”，所以济南别称“泉城”。据文字记载，济南有七十二名泉，其中最著名的是趵突泉。趵突泉三股泉水喷涌而出，声势浩大，被乾隆皇帝称为“天下第一泉”，它名字中的“趵突”就是形容泉水涌出的样子。

济南“天下第一泉”风景区由“一河（护城河）、一湖（大明湖）、三泉（趵突泉、黑虎泉、五龙潭三大泉群）、四园（趵突泉公园、环城公园、五龙潭公园、大明湖风景名胜区）”组成。众多名泉齐聚景区，泉水数量多、形态美、水质佳，形成了独特的泉水旅游风光。除了自然美景，历史建筑和文化景点也是景区的一大特色，超然楼、李清照纪念堂等都是不可错过的“打卡点”。泉水创造了济南的历史文化，而济南人又在泉水中创造了美好的新生活。

▲航拍济南护城河

The Tinkling Spring Water in Jinan

Jinan is the city with the most springs in China. Springs flow into rivers and then merge into lakes, forming a unique scenery of springs, rivers, lakes and the city. Every household has spring water and weeping willows, so Jinan is also known as the "Spring City". According to written records, there are seventy-two famous springs in Jinan, the most famous of which is Baotu Spring. The three springs of Baotu Spring gush out with great force, and were called the "No.1 Spring in the World" by Qianlong Emperor. The name "Baotu" describes the gushing out of the spring water.

The "No.1 Spring in the World" Scenic Area in Jinan consists of "one river (the moat), one lake (Daming Lake), three springs (Baotu Spring, Black Tiger Spring, and Five-Dragon Pool), and four parks (Baotu Spring Park, Huancheng Park, Five-Dragon Pool Park, and Daming Lake Scenic Area)". Numerous famous springs gather in the scenic area. A large number of springs have beautiful shapes and excellent water quality, forming a unique spring tourism scenery. In addition to natural beauty, historical buildings and cultural attractions are also major features of the scenic area. Both Chaoran Building and Li Qingzhao Memorial Hall are "check-in points" that cannot be missed. Spring water has created the history and culture of Jinan, and Jinan people have created a beautiful new life in spring water.

生词

1. 香味	xiāngwèi	（名）	fragrance; scent
2. 名贵	míngguì	（形）	famous; precious

3. 上瘾	shàngyǐn	（动）	be addicted (to sth.); get into the habit (of doing sth.)
4. 打卡	dǎkǎ	（动）	visit a popular tourist attraction
5. 建造	jiànzào	（动）	build
6. 攻略	gōnglüè	（名）	strategy; tactics
7. 沿着	yánzhe		along
8. 景点	jǐngdiǎn	（名）	scenic spot
9. 有备而来	yǒubèiérlái		well-prepared
10. 记忆	jìyì	（名）	memory

课文

（大卫和王莉正在参观趵突泉，他们被大碗茶深深吸引了）

大卫：一碗茶才两块钱，真便宜啊。王莉，我们尝尝吧。

王莉：这叫“大碗茶”，因为它用的是青瓷大碗。师傅，来两碗。

大卫：喝起来有股香味，感觉真好。这是什么茶？

王莉：不是特别名贵的茶，只是普通的茉莉花茶，但用的水特别好。喝茶讲究“七分水，三分茶”，水不好，再好的茶也喝不出味道。

大卫：泉水大碗茶用的应该是趵突泉水吧。

王莉：是的。趵突泉水一年四季温度都在18度左右，喝起来又甜又凉，要不然怎么能吸引这么多人呢？趵突泉被称为“天下第一泉”，就和泉水的特点有关系。

▲济南趵突泉

大卫：怪不得那些大爷大妈都提着水桶来打水，泉水的味道确实不一样。但我今天没带水桶，要不然我也能打包带走。

王莉：不着急，来日方长，济南最不缺的就是泉水。

大卫：实话实说，平时我都喝冰水，热茶倒是第一次喝。师傅，再来一碗。

王莉：一眨眼的工夫你就喝完了，看来你是上瘾了。

大卫：　喝得太快我还没拍照呢，得发个朋友圈才算“打卡”成功。不过话又说回来，这么好的水，如果用来做菜，味道肯定差不了。

王莉：　这你可说对了。济南有一道特色美食——泉水豆腐，济南人还为它专门建造了“泉水豆腐博物馆”。晚上我们可以去尝尝。

大卫：　有吃有喝，算是没白来。我们再往前走走吧。我做过攻略，趵突泉和大明湖都在“天下第一泉”景区，沿着护城河，能看到三百多处景点。

王莉：　你是有备而来啊。在老济南人的记忆中，只有听着泉水声，漫步泉水边，才能感受地道的泉水文化。时间不等人，我们快走吧！

想一想，说一说：

1. 泉水大碗茶为什么受到大家的喜爱？
2. 趵突泉水和普通的水一样吗？它有什么特点？
3. 济南的别称是什么？请谈谈你的理解。

文化点注释

❶ **趵突泉：** 被称作“天下第一泉”，济南七十二名泉之首，与大明湖、千佛山并称“济南三大名胜”。趵突泉的泉水温度低，水质好，三股泉水常年持续喷涌，形成了“趵突腾空”的著名景观。

❷ **泉水大碗茶：** 济南特色的茶文化代表。泉水大碗茶使用济南的地下泉水，泉水现打现用，茶具使用青瓷大碗，茶叶选用茉莉花茶。大碗茶价格便宜，味道好，泉水的甘甜和花茶的香味相互融合，深受济南人和外地游客的喜爱。

❸ **泉水豆腐：** 指使用泉水做出来的豆腐，是济南的泉水美食之一，吃起来味道甘甜，

口感清爽，有浓浓的豆香。济南人专门为泉水豆腐建造了“泉水豆腐博物馆”。

④ **大明湖**：由济南泉水汇集而形成的湖。它历史悠久，风景美丽，有许多历史文化建筑，比如历下亭、铁公祠等。其中超然楼位于大明湖边，始建于元代，元末被毁，2008 年重建，也被称为“江北第一楼”。

⑤ **护城河**：指由人工挖掘的围绕城墙的河，古代主要起到防御作用。以天然为主、人工为辅修建的护城河在中国很多城市都有，例如北京、南京、西安等。

⑥ **泉水文化**：爱泉、赏泉、用泉是泉水文化的特点。泉水是济南的重要标志，泉城济南“依水而居，以水为伴”。济南人利用泉水发展城市经济，带动旅游文化，在开发和利用泉水的过程中形成了独特的泉水文化。

练习

1. 根据课文内容判断正误

（1）大碗茶价格贵，主要因为它使用的是名贵的茶叶。（　　）

（2）大碗茶使用的是趵突泉水，因为泉水温度高，用来泡茶很方便。（　　）

（3）“天下第一泉”景区有许多景点，比如趵突泉、大明湖、千佛山。（　　）

（4）泉水豆腐是济南的美食，济南人还建造了一座“泉水豆腐博物馆”。（　　）

（5）喝大碗茶、吃泉水豆腐，是济南的泉水文化。（　　）

2. 选词填空

名贵	香味	打卡	景点	攻略	有备而来

（1）这次比赛对方球队是 ________，他们认真研究了我们的战术。

（2）茉莉花并不 ________，但带着特别的 ________，可以用来泡茶，也可以用来制作香水。

（3）旅行前一定要做好 ________，提前购买好各个 ________ 的门票。

（4）喝大碗茶、吃泉水豆腐是济南泉水之旅的热门“________”方式。

3. 语言点学与练

再……也……

要不然……

怪不得

（不过）话又说回来

有 A 有 B

（1）再……也……

① 这条裙子质量一般，再便宜我也不会买。

② 不常见的蘑菇很可能有毒，再漂亮也不能随便吃。

③ 身体是第一位的，____。

④ A：现在人们越来越离不开手机了。

B：没错，我每天晚上 ____。

（2）要不然……

① 马上要下班了，要不然我们明天再讨论？

② 我第一次吃鲁菜，不太了解，要不然你们来点菜吧。

③ 生病了要及时看医生，____。

④ A：这导航怎么出问题了？我们好像走错路了。

B：导航有时候不准，____。

（3）怪不得

① 现在是下班高峰期，怪不得路上堵车呢。

② 昨天晚上没开空调，怪不得房间里这么热。

③ 原来你手机没电了，____。

④ 他的视频真有意思，____。

（4）（不过）话又说回来

①我们要认真工作，不过话又说回来，工作不是生活的全部，我们也要学会享受生活。

②我承认她的工作能力强，不过话又说回来，我不喜欢她的工作方式。

③第一印象会影响人们的判断，______________________________。

④人工智能为我们的生活和工作提供了帮助，______________________________。

（5）有A有B

①网络购物有利有弊，我们要合理看待它。

②手指有长有短，知识有多有少。

③大家第一次包饺子，虽然外形__________，但是都表达了对新年的美好祝福。

④虽然我们的能力__________________，但只要一起努力，就能取得好成绩。

4. 地道表达学与练

（1）七分水，三分茶

①茶的好坏很大程度上取决于茶水，这就叫"七分水，三分茶"。

②你怎么用自来水泡茶呢？七分水，三分茶，真是浪费了好茶。

③喝茶讲究______________________。泉水大碗茶虽然用的只是普通的茉莉花茶，但水足够好，喝起来味道也很好。

（2）来日方长

①你现在还小，选择专业这件事来日方长，再好好考虑考虑吧。

②愿你们一切顺利，来日方长，后会有期。

③不必伤心，______________________________，我们总有一天还会再见面。

④年轻时遇到点儿失败别难过，______________________________。

（3）一眨眼的工夫

①天气变得真快，刚才还是大晴天呢，一眨眼的工夫就下起了雨。

②他一天没吃饭了，一眨眼的工夫，就把一只烤鸭吃完了。

③你做饭的速度真快，______________________________。

④下周就开学了，假期______________________________。

（4）看来你是上瘾了

① 一整天你就把这部电视剧看完了，看来你是上瘾了。

② 没想到你把全套盲盒都买了，看来你是上瘾了。

③ 你竟然玩了六个小时游戏，______________________________。

④ 都到晚上了你还在看小说，从早看到晚，______________________________。

（5）时间不等人

① 时间不等人，年轻的时候要勇敢追梦，多多尝试。

② 昨天已经过去，明天还没到来。时间不等人，所以把握现在才是最重要的。

③ 动车都要开了，你还没出发呢？______________________________。

④ 今天限时打折，全场八折，______________________________。

5. 文化点配对

由济南泉水汇集形成的湖，风景美丽，历史悠久	泉水文化
济南七十二名泉之首，乾隆称它为“天下第一泉”	泉水大碗茶
用泉水泡的茶，使用青瓷大碗，价格便宜，味道好	大明湖
使用泉水做出来的豆腐，吃起来又香又甜	趵突泉
体现了济南人爱泉、赏泉、用泉的特点	泉水豆腐

6. 讨论与实践

（1）了解济南和泉水的关系，说一说泉水给济南带来的影响。

（2）尝试使用“天下第一泉”微信公众号预约趵突泉门票，说说具体步骤是怎样的。

（3）请你制作一张泉城济南的城市名片，介绍济南的泉水文化。

拓展阅读

探秘大明湖

“四面荷花三面柳，一城山色半城湖”是古人对大明湖的赞美。走近大明湖，你会发现南门牌坊以及旁边石碑上“明”字中的“日”多出了一横，许多人第一次见，还以为是错别字呢。

关于这一现象，有几种不同的说法。第一种说法认为这是因为古时候趵突泉喷出来的泉水较高，趵突泉的石碑多次被冲倒。于是在明朝时，一位官员把刻有“趵突泉”的石碑立在趵突泉的源头。不久后，人们发现“突”上的点被泉水冲走了，留在了“明”上。第二种说法认为这是为了避讳，清朝的书法家为了避讳明朝的“明”而多写了一笔。他们担心如果直接写“大明”，可能会有“复明”之嫌。事实上，这是因为“明”在古代有一个由“目”和“月”组成的异体字——“明”，它常常用来形容目光明亮。因此大明湖的石碑上并没有什么错别字，只是一个字的不同写法而已。

▲大明湖夜景

大明湖的神奇还不止这些呢。大明湖有“四怪”——蛙不鸣，蛇不现，久旱不涸，久雨不涝。随着科学的发展，“四怪”的秘密也慢慢被人们揭开。首先是“蛙不鸣”，说的是大明湖的青蛙从来不发出叫声。传说有位皇帝在大明湖游玩时，被青蛙吵得睡不着觉，就下了一道命令，要求青蛙不许再叫。不过这只是传说故事，其实是因为大明湖的水温太低，所以青蛙才不叫的。曾经有人把大明湖的青蛙带去其他地方，它们就又开始叫了。其次是“蛇不现”，说的是大明湖中没有蛇，也是因为大明湖水温低，而且湖面上水鸟多，周围林地鼠类少。蛇吃老鼠但怕水鸟，数量自然就少了。

至于“久旱不涸”，说的是即使济南长期不下雨，大明湖也不会出现干涸的情况。济南地势南高北低，位于北部的大明湖地下有许多天然暗河，再加上地下深处有一层特殊的岩石来保护水源，所以大明湖并不容易干涸。最后是“久雨不涝”，说的是大明湖不论下多大的雨都不会出现积水的现象。古代修建大明湖的工人们早早便考虑到了积水的问题，他们挖了好多个出水口。这样一来，大明湖自然就不会在雨季时出现涨水现象了。

大明湖的“四怪”神奇而有趣，但更出名的是大明湖的景色。春天到小沧浪亭观小桥流水，夏天去汇泉堂赏满湖荷花，秋天在历下亭、秋柳园看秋风落叶，冬天登汇波楼、超然楼欣赏名山景色和夕阳湖光。一年四季，大明湖各有各的美。古代的济南八景，有三景出自大明湖，分别是“汇波晚照”“明湖泛舟”“历下秋风”。百闻不如一见，有机会请你也到大明湖来逛一逛，亲自感受一下它的美吧！

想一想

1. 大明湖“四怪”是什么？它们有什么秘密？

2. 你还知道哪些和大明湖有关的故事？找一找，说一说。

第八课　离不开“礼”的一生

生词	语言点	地道表达
1. 赶上	1. 如果……就……，如果……那么……	1. 来就来吧，带什么礼物啊！
2. 侄女	2. 想必	2. 借你（您）吉言
3. 亲戚	3. V. 来 V. 去	3. 让……大开眼界
4. 装饰	4. 幸亏……要不然……	4. 我都迫不及待了！
5. 氛围	5. 不要说……，连……也……	
6. 富有		
7. 寄托		
8. 仪式		
9. 算盘		
10. 长命百岁		
11. 习俗		

热身活动

每个国家都有自己独特的节日习俗、人生礼俗，你了解的中国习俗有哪些？这些习俗和你们国家的有什么不一样？

文化加油站

一岁一礼

山东人的一生都离不开“礼”，包括出生、生日、结婚、丧葬时的人生礼俗，春节、中秋节时的节日礼俗，宴请、迁居时的交际礼俗等。其中，很多礼俗是和生日相关的，人们用这种方式庆祝进入新的人生阶段。

新生儿满月时，家人会为他举办满月宴庆祝。亲戚朋友们会送一些银锁、新衣服等礼物，祝愿孩子平安长大。一岁时，家人会为孩子举办周岁宴，其中比较重要的一个仪式是“抓周”，人们把不同寓意的物品摆放在孩子周围，看孩子抓取什么，以此来预测他的前途。孩子长到十八岁时，将会迎来他的成人礼。有的学校会为所有的孩子一起举行成人礼，来感谢父母的养育之恩，孩子们和父母一起走过“成人门”，意味着告别童年，开始承担更多的责任。六十岁之后，人们就可以“过寿辰”了。比较重要的就是“六十大寿”“七十大寿”“八十大寿”等整数寿辰。寿辰上人们会为寿星送上寿桃形状的蛋糕，在山东胶东地区也会吃寿桃形状的“花饽饽”进行祈福。在山东，有的地区还重视“六十六”这样的寿辰，有着“人到六十六，吃女一刀肉”的说法，也就是六十六岁生日时要吃女儿送的一块肉，这块肉必须是六斤六两，一次切好，寓意吉祥健康，以保老人身体平安，长命百岁。

▲胶东花饽饽

One Year, One Etiquette

Shandong people can't live without "etiquette" in their life, including life etiquette at birth, birthday, marriage and funeral, festival etiquette at Spring Festival and Mid-Autumn Festival, and communication etiquette at dinner and relocation. Among them, many customs and etiquette are related to birthdays, and people use this way to celebrate entering a new stage of life.

When a newborn is one month old, his/her family will hold a dinner celebrating the completion of his/her first month of life. Relatives and friends will give gifts such as silver locks and new clothes to wish the child grow up safely. At the age of one, family members will hold a birthday banquet for their children, and one of the most important ceremonies is the *zhuazhou* ceremony. People place objects with different meanings around the child to see what he/she will grab so as to predict his/her future. When a child reaches the age of eighteen, he/she will have the adulthood ceremony. Some schools will hold the ceremony together for all children, in which they will thank their parents for bringing them up. They will walk through the "adult gate" with their parents, which means saying goodbye to childhood and beginning to take on more responsibilities. After the age of sixty, people can celebrate their birthdays. Integer birthdays such as "60th birthday", "70th birthday", "80th birthday", etc. are attached more importance to. On birthdays, people will give the birthday person peach-shaped cakes, and in the Jiaodong area of Shandong, they will eat peach-shaped "flower cakes" to pray for good luck. In Shandong, some regions attach great importance to birthdays such as the 66th birthday. There is a saying that goes, "When a person celebrates his/her 66th birthday, he/she will eat a piece of meat given by his/her daughter." The meat, weighing 6.6 *jin* and cut in one go, symbolizes good luck and health and ensures the safety and longevity of the elderly.

生词

1. 赶上	gǎnshàng	（动）	encounter; tun into (a situation)
2. 侄女	zhínǚ	（名）	niece; brother's daughter
3. 亲戚	qīnqi	（名）	relative
4. 装饰	zhuāngshì	（动）	decorate
5. 氛围	fēnwéi	（名）	atmosphere
6. 富有	fùyǒu	（形）	rich; wealthy
7. 寄托	jìtuō	（动）	place (hope, etc.) on
8. 仪式	yíshì	（名）	ceremony; rite
9. 算盘	suànpán	（名）	abacus
10. 长命百岁	chángmìng-bǎisuì		May you live to be a hundred!
11. 习俗	xísú	（名）	custom

课文

王莉：大卫，你周天有空儿吗？我哥哥的女儿要办一岁生日宴了，我带你一起去体验一下中国的文化礼俗吧。

大卫：我记得之前满月宴的时候，你邀请过我，但我正赶上考试，没能参加。这次我可要好好把握机会。

（王莉的哥哥王明家）

王莉：哥哥，这是我给小侄女的礼物，祝她健康快乐成长！

王明：哎呀，来就来吧，带什么礼物啊！进来坐。

大卫：家里这么热闹呀！

王莉：一周岁生日很重要，很多亲戚朋友都会来。我们也去帮忙装饰一下房子吧，这样更有生日氛围。

大卫：床上怎么放着这么多东西？要我帮忙收拾一下吗？

王莉：不用不用，这些东西是抓周用的。一会儿如果她抓到了文具，就表示以后会成为作家；如果她抓到了钱，那么表示未来会很富有。这个活动寄托着家长们对孩子美好未来的祝福。

▲抓周

大卫： 这个仪式真有意思！

（生日宴上）

王莉： 小侄女抓到了算盘，想必以后像哥哥一样会做生意。

王明： 那就借你吉言啦。我们拍一张全家福做纪念吧。

大卫： 小宝宝真是活泼好动，也不吃饭了，光忙着用筷子演奏音乐呢。

王莉： 不能用筷子敲来敲去，这样不礼貌。

王明： 把筷子给我吧。你长大以后可得好好学学这些使用筷子的礼仪。

王莉： 来来来，该吃长寿面了。吃了长寿面，平平安安，长命百岁！

▲长寿面

（宴会后）

王莉： 怎么样？今天你是不是了解了不一样的山东习俗？

大卫： 是啊，穿新衣、抓周、拍照，这么多环节，幸亏你陪着我，要不然我肯定会出错。

王莉： 山东的礼俗还有很多呢，不要说你，有时候连我也记不清楚。过年的时候你也来我家玩吧，我带你体验一下拜年，到时候一定会让你大开眼界。

大卫： 好，我都迫不及待了！

想一想，说一说：

1. 王莉和过一岁生日的小宝宝是什么关系？
2. 你们国家有抓周仪式吗？谈谈它有哪些环节，分别有什么寓意。
3. 课文中，使用筷子有什么礼仪？

文化点注释

① **满月宴：** 在小孩儿出生满一个月时举行的宴会。亲朋好友会给孩子送礼物，如衣服或项圈、手镯等金银饰品，一起来祝福孩子免受灾难，健康成长。

② **抓周：** 在小孩儿一岁生日时举行的仪式。家长在床上摆上文具、印章、首饰、食品、钱等，让小孩儿去抓。小孩儿抓到的东西有不同的含义，比如抓到文具表示他将来会成为作家。人们用这样的活动为孩子送上祝福，表达对孩子的期望。

③ **使用筷子的礼仪：** 使用筷子也要遵守礼仪。如：不能用筷子敲碗；不能把筷子横着放在碗上或是竖着插在米饭里；不能用筷子指别人，因为这样对别人不尊敬。

④ **长寿面：** 过生日时吃的面，常是一根完整的面条儿。在中国，上至百岁的老人，下至幼儿，都会吃长寿面来庆祝生日。人们认为面条儿长象征生命长，以此祝福寿星长命百岁。

⑤ **拜年：** 新年时人们互相行礼、互相祝贺的习俗。在正月初一春节这天，人们会给家中的亲戚长辈、邻居好友说一些祝福的话，比如“过年好”“恭喜发财”等。有些地区的人们会给长辈磕头拜年，现在也使用微信等线上拜年。

练习

1. 根据课文内容判断正误

（1）王莉邀请大卫去参加她小侄女的满月宴。 （　　）

（2）中国人认为，抓周仪式能预测宝宝的未来。 （　　）

（3）王莉的侄女抓到了算盘，表示她未来成绩很好。 （ ）

（4）用筷子的时候，不能用筷子敲桌子，但是可以指别人。 （ ）

（5）山东的礼俗有很多，王莉有时候也记不清楚。 （ ）

2. 选词填空

仪式 装饰 亲戚 习俗 赶上 寄托

（1）他打算向女朋友求婚，买了很多气球 ________ 房子。

（2）春节时，中国人放烟花、吃饺子，________ 了对新年的祝福。

（3）每周一，学校都会举行升旗 ________，学生们升国旗、唱国歌。

（4）中秋节吃月饼是中国的一个传统 ________。

（5）朋友搬家的时候，正 ________ 我生病住院，所以没能去帮忙。

（6）过年的时候，我会去 ________ 家拜年，聊聊过去一年的生活。

3. 语言点学与练

如果……就……，如果……那么……

想必

V. 来 V. 去

幸亏……要不然……

不要说……，连……也……

（1）如果……就……，如果……那么……

① 王总，最新的海报已经设计好了，如果没有问题，我们就去打印张贴。如果还有什么地方不合适，那么我们再继续修改。

② 您来健身房如果是为了减肥，就需要按照这个食谱控制饮食；如果是为了增肌，那么我们将为您增加力量训练。

③ 我想在校外租房子，如果住在学校附近，______________________________；如果离学校远，______________________________。

④ 如果明天天晴，______________________________。

（2）想必

① 最近兴起的 AI 想必大家都听说过吧？

② 不管是你的朋友还是父母，想必都会喜欢你精心准备的礼物。

③ 他家住在大别墅里，______________________________。

④ 看他愁眉苦脸的样子，______________________________。

（3）V. 来 V. 去

① 我在房间里找来找去，原来手机就放在桌子上啊！

② 她挑来挑去，也没找到一身能参加晚会的衣服。

③ 妈妈的生日要到了，送给她什么礼物呢？我______________________________。

④ A：你想好暑假去哪里旅行了吗？

B：______________________________。

（4）幸亏……要不然……

① 幸亏朋友反应快，一把扶住了老奶奶，要不然她就摔倒了。

② 幸亏老李的女儿防骗意识强，及时阻止了他转钱，要不然这 10 万块就进了骗子的口袋。

③ 幸亏你及时发现了这个没有熄灭的烟头，______________________________。

④ A：快看，外面突然下雨了。

B：幸亏我带伞了，______________________________。

（5）不要说……，连……也……

① 这条河的水流太急了，不要说你，连最有经验的船夫也不敢划船通过。

② 夏天快到了，不要说南方的城市，连最北边的城市也吹起了温暖的风。

③ 这名小学生在数学方面非常有天赋，不要说小学的数学题，________________

____。

④ 这个箱子很重，不要说你一个人，______________________________。

4. 地道表达学与练

（1）来就来吧，带什么礼物啊！

①A：生日快乐！这是送你的生日礼物，看看喜不喜欢。

B：来就来吧，带什么礼物啊！

②A：阿姨，过年了，来给您拜个年。我从国外给您带了点儿特产。

B：来就来吧，带什么礼物啊！

③A：恭喜你搬新家了！我做了一幅装饰画儿，送给你。

B：____。

（2）借你（您）吉言

①A：祝你在运动会上摘得金牌！

B：借你吉言，我一定好好努力。

② 新店开张，借您吉言，希望万事顺利。

③A：新的一年，祝您平平安安，心想事成。

B：____。

（3）让……大开眼界

① 这次游学活动，我们将了解潍坊风筝的制作过程，一定会让大家大开眼界。

② 我第一次走进山东博物馆，这里的文物真是让我大开眼界。

③ 鲁菜有这么多菜品，____________________________________。

④A：爬泰山的感觉怎么样？

B：太有意思了，______________________________________。

（4）我都迫不及待了！

①A：这次运动会上谁能拿到冠军呢？

B：我希望班长拿到冠军！运动会快点儿开始吧，我都迫不及待了！

② 我买到了最喜欢的歌手的演唱会门票，可是一个月之后演唱会才举办，我都迫不及待了！

③ 这个知名乐队什么时候会再发新歌呢？________________。

④ 作家：我的最新小说已经创作完成了，很快就会和大家见面。

读者：________________。

5. 文化点配对

孩子出生一个月的时候举行的宴会	抓周
春节时，人们互相祝福新年好	满月宴
过生日时吃的面条儿	拜年
孩子一周岁生日时的传统仪式，用以预测孩子未来	长寿面

6. 讨论与实践

（1）查阅资料，说一说现代山东人生活中，还有哪些重要的礼节。

（2）在你们国家，有哪些过生日的习俗？请介绍一下。

（3）举行一场辩论赛：

正方观点：礼俗应该逐渐简化。

反方观点：礼俗不应该逐渐简化。

拓展阅读

中国年·山东味

中国的"过年"一般从腊月二十三开始，一直持续到正月十五。腊月二十三是北方的"小年"。传说，这一天灶王爷要上天见玉皇大帝，所以人们吃粘牙的麦芽糖，希望灶王爷能多说一些甜言蜜语，以求来年吉祥甜蜜。从这一天开始，大街上就有"年味"了，人们忙着置办年货，外出的人也纷纷回家，准备过年。

"二十八把面发"，腊月二十八这天，人们会蒸各种各样的馍馍，胶东地区还会制作多彩的"花饽饽"烘托年味，有的用模子做出金鱼和蝴蝶，有的用红枣做成枣花馒头。重头戏在大年三十除夕这一天，人们会逛年集、贴春联、放鞭炮。如果你想去赶年集，最好在上午去，下午人们就都回家准备年夜饭了。除夕夜，山东人会"请家堂"，把逝去亲人的灵魂请回来过年。一家人围坐在一起，在鞭炮声中吃一年中最重要的年夜饭。年夜饭又叫"团圆饭"，有各种丰盛的菜肴。吃完年夜饭，全家人一起包饺子、看春晚，午夜前不能入睡，叫作"守岁"。半夜十二点的时候，开始放鞭炮、煮饺子，饺子要多煮一些，还得剩几个在锅里，寓意年年有余。春节的饺子有点儿不一样，里面多包有豆腐、硬币、糖等。吃到豆腐馅儿的饺子，寓意一年到头都有福；吃到有硬币的饺子，象征着新年一定能发财；吃到包着糖的饺子，代表生活会甜甜蜜蜜。

大年初一一大早，人们就起床吃早饭、拜年。早饭依然是饺子，不能吃面条儿，据说吃了面条儿一年麻烦不断。大年初一，街上很多商店都不开门，人们都在家里享受春节的团圆时刻。但是有一个地方热闹非凡，就是电影院，春节看电影已经成了新风尚。在农村，还有热闹的秧歌、舞龙表演。作为孔孟礼仪之乡，年轻一辈会给长辈行跪拜礼。之后的日子人们会串门、走亲戚，带着礼品去亲戚家，聊聊最近一年的生活，为彼此送上新年祝福。"正月十五元宵节，家家户户庆团圆”，各地都会有花灯展览，人们吃元宵、点蜡烛。至此，一个团团圆圆、幸福美满的年才算真正过完了。

▲春节包饺子

想一想

1. 山东人在除夕和大年初一这两天，有什么习俗？

2. 在你们国家怎么庆祝新年呢？请和大家分享一下。

第五单元　玩转山东

第九课　海滨城市的绮丽风光

生词	语言点	地道表达
1. 避暑	1. 说什么也得……	1. 别有一番风味
2. 人气	2.……和……密切相关	2. 看来你做了不少功课
3. 公主	3. 靠……	3. 幸运的话
4. 充足	4. 像……似的	4. 快别卖关子了
5. 景区	5. 通通……	5. 听你的准没错
6. 葫芦		
7. 环绕		
8. 起源		

热身活动

中国有许多临海城市，比如上海、深圳、大连等。你知道的山东临海城市有哪些？你想去哪个城市游玩？

文化加油站

山东追海之旅

山东半岛三面环海，海岸线长达3000多千米，位居全国第二，有着丰富的海滨旅游资源。青岛崂山、烟台蓬莱阁、威海刘公岛、日照阳光海岸等都是不能错过的海滨旅游胜地。

青岛是中国帆船之都、世界啤酒之城。一踏上这片土地，你就会被红瓦绿树、碧海蓝天的城市景观所吸引。青岛崂山有着“海上第一名山”之称，那里有高大的老子像。沿着海岸线一路向北，来到“人间仙境”蓬莱。这里不仅有著名的“八仙过海”神话故事，还有秦始皇等帝王来此求仙留下的传说。这些神话传说为这里增加了神秘色彩，吸引了人们前来祈福观光。如果你想感受海上的第一缕阳光，“东方太阳城”日照是你的第一选择。日照是世界五大太阳文化起源地之一，人们会在农历六月十九日过“太阳节”，感谢太阳为大地带来阳光，让人们获得丰收。

此外，你还可以去威海看看童话里的天鹅湖、去东营感受黄河入海的壮阔、去滨州贝壳堤岛踏浪拾贝、去潍坊漫步欢乐海沙滩，山东每一个沿海城市都藏着迷人的山海风景与风土人情，等着你去探索。

▲ 山东东营黄河入海口黄蓝交汇

Going after the Sea in Shandong

The Shandong Peninsula is surrounded by the sea on three sides, with a coastline of over 3,000 kilometers, ranking second in the country, and has abundant seaside tourism resources. Mount Lao in Qingdao, Penglai Pavilion in Yantai, Liugong Island in Weihai, Sunshine Coast in Rizhao, etc. are tourist attractions along the seaside that cannot be missed.

Qingdao is the sailing capital of China and the beer city of the world. As soon as you set foot on this land, you will be attracted by the urban landscape with red tiles, green trees, and blue sea and sky. Mount Lao in Qingdao is known as the "most famous mountain on the sea", where there is a tall statue of Laozi. Traveling north along the coastline, we arrive at Penglai, the "Wonderland of the World". There is not only the famous fairy tale of "Eight Immortals Crossing the Sea", but also the legends that Emperor Qin Shihuang and other emperors came here to seek immortals. These myths and legends add mystery to this place, attracting people to pray and visit. If you want to feel the first ray of sunshine on the sea, the "Oriental Sun City" in Rizhao is your first choice. Rizhao is one of the five origins of solar culture in the world. People celebrate the "Sun Festival" on the 19th day of the sixth lunar month, thanking the sun for bringing sunshine to the earth and allowing people to get a bumper harvest.

Besides this, you can also go to Weihai to see the Swan Lake in fairy tales, visit Dongying to experience the magnificence of the Yellow River entering the sea, enjoy surfing and picking up shells on the Shell Dyke Island in Binzhou, and take a stroll along the joyful sea beach in Weifang. Every coastal city in Shandong has fascinating mountain and sea scenery and customs waiting for you to explore.

生词

1. 避暑	bìshǔ	（动）	avoid summer heat
2. 人气	rénqì	（名）	popularity
3. 公主	gōngzhǔ	（名）	princess
4. 充足	chōngzú	（形）	sufficient
5. 景区	jǐngqū	（名）	scenic spot; scenic area
6. 葫芦	húlu	（名）	calabash; bottle gourd
7. 环绕	huánrào	（动）	surround
8. 起源	qǐyuán	（名）	origin

课文

大卫：今年夏天可真热，暑假我说什么也得找个地方避避暑。

王莉：那你可以去海边呀。山东海岸线非常长，有很多和大海密切相关的城市。青岛就是个避暑的好去处，那里有许多著名的海水浴场，第一海水浴场人气最高。

大卫：　夏天吹吹海风，吃点儿海鲜，一定很舒服。

王莉：　没错，你还可以逛逛八大关风景区。那里布满了各式各样的欧式古典建筑，特别是绿墙红瓦的“公主楼”，别有一番风味。

大卫：　那我想去瞧瞧。我听说青岛还被称为“帆船之都”，是吗？

王莉：　对，每年夏天奥帆中心都会举办帆船比赛，有很多来自世界各地的选手前来参赛。

大卫：　那场面一定非常精彩，看来我可以在青岛好好玩一玩了。

▲青岛奥帆中心全景

王莉：　如果你时间充足的话，蓬莱也是不错的选择，大家都称它为“仙岛”。

大卫：　我知道这个城市，“八仙过海，各显神通”的神话故事是不是就发生在那里？

王莉：　看来你做了不少功课。传说八仙在蓬莱阁聚会，他们都靠自己的本领过海。你看，这张图片就是八仙过海景区。

▲山东烟台八仙过海景区

大卫：　这个景区的地形远看很特别，像大葫芦似的，而且四面环海，景色真美。

王莉：　它经常云雾环绕，如同仙境一般。幸运的话，你还能在这里看到海市蜃楼的奇观呢。

大卫：听了你的介绍，我已经迫不及待了。

王莉：去完青岛和蓬莱，你还可以去我的家乡日照走一走，它被称为“东方太阳城”。你知道它为什么叫这个名字吗？

大卫：快别卖关子了，为什么？

王莉：听名字就知道了，因为人们觉得它是太阳最先照到的城市，是中国太阳文化的起源地。不管怎么说，这几个城市通通都值得一去。

大卫：听你的准没错，看来可以“清凉一夏”了。

想一想，说一说：

1. 王莉向大卫推荐了青岛的哪些景点？
2. 日照为什么被称为“东方太阳城”？
3. 查查资料，讲一讲“八仙过海”的神话故事。

文化点注释

① **第一海水浴场：** 青岛八大海水浴场之一，因其沙滩面积大、水质良好、游玩项目众多而吸引大批游客，是青岛人气最高的海水浴场，也是亚洲最大的海水浴场。

② **八大关风景区：** 首批中国历史文化名街，也是青岛主要名胜之一。八大关有超过八条以“关”命名的街道，周围有众多古典欧式建筑，人称“万国建筑博览会”。

③ **奥帆中心：** 位于山东省青岛市，全称“青岛奥林匹克帆船中心”，2008 年北京奥运会和第 13 届残奥会帆船比赛曾在这里举行，现在每年夏天这里都会举办全国帆船冠军赛。

❹“八仙过海，各显神通”：中国民间流传最广的神话传说之一，指八位仙人不用舟船，利用各自的法宝顺利渡过东海的故事。人们用这个典故比喻各自施展本领，显示自己的才能。

❺蓬莱阁：位于山东省烟台市，中国四大名楼之一。因神话传说“八仙过海”和海市蜃楼奇观而闻名四海，被称为“人间仙境”。

❻海市蜃楼：一种因光的折射把远处的景物投射在天空的自然现象，多发生在夏季的海边或沙漠地区，比喻实际不存在的事物。

练习

1. 根据课文内容判断正误

（1）青岛第一海水浴场的人气很高。（　　）

（2）日照被称为“帆船之都”。（　　）

（3）蓬莱与神话故事“八仙过海”有关。（　　）

（4）青岛八大关风景区的建筑有着典型的中国风格。（　　）

（5）蓬莱被称为“东方太阳城”。（　　）

2. 选词填空

避暑　　景区　　环绕　　人气　　充足

（1）那位歌手 ________ 很高，演唱会的门票很快就卖光了。

（2）“五一”黄金周期间，大批游客涌向千佛山 ________。

（3）夏天南方太热了，我想去北方 ________。

（4）在日常生活中，我们必须有 ________ 的时间来完成工作和享受生活。

（5）那座木屋建在森林中，被树木 ________。

3. 语言点学与练

说什么也得……

……和……密切相关

靠……

像……似的

通通……

（1）说什么也得……

① 既然已经来到山东了，我说什么也得去爬一次泰山。

② 我最喜欢的歌手要来我的家乡开演唱会，我说什么也得去现场听一听。

③ 我已经连续两周没休息了，这个周末 ________________。

④ A：你已经三年没有回家过年了，今年回去吗？

B：________________。

（2）……和……密切相关

① 水是生命之源，它和身体健康密切相关。

② 孩子的价值观和父母的教育密切相关。

③ 山东足球队能获得本次比赛的冠军，这 ________________。

④ 他年纪轻轻，就成了大公司的老板，________________。

（3）靠……

① 别总想着靠别人来帮助你，自己的事情自己做。

② “啃老族”什么事情都想靠父母。

③ 出国旅游遇到不懂的词，________________。

④ 美好的生活要 ________________。

（4）像……似的

① 今年是个丰收年，粮食堆得像山似的。

② 春天的风像妈妈的手似的，软绵绵的，吹在脸上真舒服。

③ 弯弯的月亮高高地挂在天上，________________________________。

④ A：今天的天气实在是太热了。

B：是啊，中午的太阳________________________________。

（5）通通……

① 运动能让人将一天的烦恼通通忘掉。

② 只要是孩子爱看的书，不论价格有多贵，父母通通都给他买。

③ 这场车祸让她失去了记忆，以前发生的事情________________________。

④ 小明毕业之后，他把所有的东西____________________________。

4. 地道表达学与练

（1）别有一番风味

① A：听说你昨天去千佛山山顶看夜景了，感觉怎么样？

B：从山顶俯视济南，看万家灯火，别有一番风味。

② 他的剪纸作品虽然并不完美，但是设计独特，别有一番风味。

③ A：你的草原之旅怎么样？

B：我们围着火炉吃烧烤，________________________________。

④ 用电子琴弹奏古代乐曲，________________________________。

（2）看来你做了不少功课

① A：我的 HSK 六级考试成绩出来了，考得还不错。

B：看来你做了不少功课，恭喜你。

② 这么难的课文你还能读得这么流利，看来你做了不少功课。

③ A：我最近一直在准备下周的面试，这些都是我的笔记。

B：________________________________，一定能顺利通过面试的。

④ A：快尝一尝我做的菜怎么样。

B：没想到你第一次下厨就做得这么好吃，________________________。

（3）幸运的话

①据说今晚有流星雨，幸运的话你能向流星许愿呢。

②A：一会儿就能去现场看篮球比赛了，我好激动。

B：幸运的话，你还可以和自己喜欢的球员合影呢。

③A：听说超市有个抽奖活动，我也想试一试。

B：去吧，______________________________________。

④A：我打算和我的朋友一起去海边游玩。

B：________________________________，你还有机会看到海市蜃楼呢。

（4）快别卖关子了

①A：你知道他最近为什么都没来吗？

B：快别卖关子了，你快告诉我。

②A：你知道这家书店哪本书卖得最好吗？

B：快别卖关子了，是不是这一本？

③A：猜猜我给你准备了什么生日礼物？

B：____。

④A：听说这部电影还不错，你想知道最后的结局吗？

B：____。

（5）听你的准没错

①A：马上就到中午了，可我还没想好吃什么。

B：你可以去吃一次北京烤鸭，味道非常好。

A：听你的准没错，就吃这个吧。

②A：这两件衣服我都喜欢，但我不知道选哪件。

B：我觉得这件红色的更适合你。

A：听你的准没错，就买这件吧。

③A：要想让自己过得充实，你需要制订一个学习计划。

B：____。

④ A：减肥不能不吃饭，得多锻炼。

B：____。

5. 文化点配对

曾举办奥运会帆船比赛的场地	“八仙过海，各显神通”
和蓬莱相关的神话传说	第一海水浴场
亚洲最大的海水浴场	蓬莱阁
有“人间仙境”美称的地方	海市蜃楼
一种因光的折射而形成的自然现象	奥帆中心

6. 讨论与实践

（1）山东的海滨城市都有哪些特点？请说一说。

（2）你还知道哪些著名的海滨城市？给大家介绍一下。

（3）暑假快到了，你想去哪里旅游？请写下属于自己的“夏日计划”。

拓展阅读

来威海体验悠闲自在

威海拥有很长的海岸线，是中国十大宜居城市之一。这是一座美得令人着迷的小城，这里有秀美如画的风光，有热情好客的民风，还有悠闲自在的生活。

如果你想感受一路山海相伴的迷人风光，就一定不能错过威海千里山海自驾旅游公路。它全长1001千米，一半穿山越岭，一半临海而行，沿途穿起十余处风景区。在路上，耳边伴随着轻快的音乐，窗外变换着不同的景色，一边是金色海滩，一边是白色风车，犹如进入童话世界。入住海边的房车营地，清晨看碧海蓝天，晚上看漫天繁星。这样的生活，可以让任何烦恼烟消云散。

▲威海环海公路俯瞰图

沿着环海公路南行，来到俚岛镇的烟墩角，你可以住进百年海草房，体会胶东渔家生活。这900多间极具特色的海草房，冬暖夏凉，高高隆起的屋顶配着古朴沧桑的石墙，仿佛在静静诉说着时光。这里风景秀丽，每年冬季，都会有数千只天鹅从遥远的西伯利亚飞来越冬，非常壮观。

傍晚潮水退去，人们漫步在海边捡寄居蟹，看它们随潮水涨退慢慢钻入海沙，体会探索与收获的乐趣。赶海结束，回到海草房品尝美味的威海黄米馒头和当地的北方带鱼，实在是满满的渔家风情。

来威海，你可以去成山头迎接海上的第一缕阳光，可以去鸡鸣岛享受“海上桃源”的惬意时光，可以品尝“暖心食堂”免费午餐的幸福滋味，还可以欣赏爱伦湾的“蓝色粮仓”，威海有太多的精致与幸福，等你亲自来探寻。

想一想

1. 查查资料，谈谈威海吸引你的部分。

2. 你知道世界上还有哪些著名的环海公路吗？请说一说。

第十课　运河城市的文化之旅

生词	语言点	地道表达
1. 运河	1. 据……了解	1. 那还不好办？
2. 气质	2. 正值……	2. 实话跟你说吧
3. 南来北往	3. 说……就……	3. 摸不着头脑
4. 交织	4. 起初……，后来……	4. 说一千道一万
5. 大饱眼福	5. 要不是……，还……	5. 心动不如行动
6. 荷花		
7. 水源		
8. 时机		
9. 挖掘		
10. 旺季		

热身活动

沿着京杭大运河向北，一路上你会领略到不同的城市风光，每座城市都与运河息息相关，形成了独特的运河文化，你知道它们有哪些代表性的文化特色吗？

文化加油站

沿着运河看山东

京杭大运河是中国最古老的运河之一，它一共流经十八个城市，有五个在山东。

枣庄是最著名的运河城市之一，南北往来的商人带来了各自故乡的建筑文化。台儿庄古镇至今仍保留着古建筑的特色。傍晚时分坐着小船游览古镇的景色，你能亲身感受一百年前“一河渔火，歌声十里”的繁华。

跟随小船的“脚步”，我们来到济宁。很多人知道，济宁有孔子这样的大思想家和教育家。但很多人不知道的是，济宁的微山湖是京杭大运河的主要水源。每到夏天，十万亩天然荷花竞相绽放，游客们荡着小船，穿梭于荷叶间，感受蓝天、碧水、红荷的独特浪漫。

沿着大运河北上，我们来到聊城。这座“江北水城”建立在东昌湖面上，从空中俯瞰，方方正正，蔚为壮观。漫步东昌古城，古建筑林立，仿佛时空穿越。登上古城中央的光岳楼，俯瞰底蕴深厚的京杭大运河和发展迅速的聊城，你会沉醉于这座古城的历史韵味与现代气息。

城市因河而兴，大运河孕育了沿岸的城市，沿运河走一走，感受流动千年的运河文化。

▲山东省枣庄市台儿庄古城夜景航拍

Looking at Shandong along the Canal

The Beijing-Hangzhou Grand Canal is one of the oldest canals in China. It flows through 18 cities, five of which are in Shandong.

Zaozhuang is one of the most famous canal cities, where merchants from the north and south brought the architectural culture of their own hometowns. Even today, Taierzhuang, the age-old town, still retains the characteristics of ancient architecture. In the evening, taking a small boat to explore the scenery of the ancient town, you can experience the prosperity a hundred years ago, in which lights on fishing boats are reflecting in the whole river and songs can be heard ten miles.

Following the "footsteps" of the small boat, we arrive in Jining. Many people know that Jining has great thinkers and educators like Confucius. However, not many people know Weishan Lake in Jining is the main water source of the Beijing-Hangzhou Grand Canal. Every summer, 100,000 acres of lotuses blossom one after another. Tourists take small boats and go among the lotus leaves, experiencing the unique romance of the blue sky, clear water, and red lotuses.

Traveling north along the Grand Canal, we arrive in Liaocheng. This "Water City in Areas North of the Lower Reaches of the Yangtze River" was built on the surface of Dongchang Lake. When viewed from the air, it is square shaped and magnificent. Strolling through the ancient city Dongchang, age-old buildings abounding everywhere make a person feel as if he/she has traveled through time and space. Ascending to the Guangyue Tower in the center of the ancient city and overlooking the deep-rooted Beijing-Hangzhou Grand Canal and the rapidly developing Liaocheng, you will be immersed in the historical charm and modern flavor of this ancient city.

As rivers give rise to the prosperity of cities, the Grand Canal has nurtured cities along its banks. Walking along the canal, you can experience the canal culture that has been flowing for thousands of years.

生词

1. 运河	yùnhé	（名）	canal
2. 气质	qìzhì	（名）	temperament
3. 南来北往	nánlái-běiwǎng		come and go in all directions
4. 交织	jiāozhī	（动）	intertwine
5. 大饱眼福	dàbǎoyǎnfú		glut one's eyes
6. 荷花	héhuā	（名）	lotus
7. 水源	shuǐyuán	（名）	water source
8. 时机	shíjī	（名）	opportunity
9. 挖掘	wājué	（动）	dig
10. 旺季	wàngjì	（名）	peak period

课文

（大卫和王莉正在研究山东地图，讨论假期的旅行计划）

大卫：王莉，没想到这条京杭大运河流经山东这么多城市。假期我想来一场运河之旅，但不知道哪个城市比较好。

王莉：那还不好办？现在是互联网时代了，我们可以先利用网络技术

"云游"一下，你看看比较喜欢哪个。第一站就从台儿庄开始，它是京杭大运河的中心点，最值得一看的是古城内的建筑群。

大卫：这些建筑感觉还有中国南方的风格，没想到北方城市也有江南的气质。

王莉：实话跟你说吧，台儿庄地处四省交界，南来北往的商人带来了不同的建筑文化，八种建筑风格在这里交织，一定让你大饱眼福。

大卫：这古城夜景光看图片就很让人心动了，这里我一定要去看看。

王莉：别着急，这才是第一站。你看这满湖的荷花漂亮吗？你知道这是哪儿吗？

大卫：我有点儿摸不着头脑，是不是大明湖？

王莉：这可比大明湖大多了，这是微山湖，它是中国北方最大的淡水湖，也是京杭大运河的主要水源。据我了解，七月份是去微山湖的最

▲微山湖红荷湿地

佳时机，那时候正值荷花盛开，当地会举办微山湖荷花节。

大卫：听得我想来一场说走就走的旅行。

王莉：还有下一站呢，我们去“江北水城”聊城看看。

大卫：我知道聊城，上文化课时老师讲过，那里有著名的东昌湖。

王莉：东昌湖是中国北方最大的人工湖。它起初只是一条护城河，随着挖掘面积的增大，后来就慢慢形成了“水在城中，城在水中”的独特布局。

▲航拍山东聊城东昌古城全景

大卫：这些城市都有各自的特色，要不是快考试了，我还真想都去看看。

王莉：说一千道一万，不如亲眼看一看。假期是旅游旺季，你赶快选好城市订票吧。

大卫：好啊！心动不如行动，我现在就去。

想一想，说一说：

1. 台儿庄古城的建筑为什么有不同风格？
2. 聊城为什么被称为“江北水城”？
3. 你最感兴趣的是对话中的哪座城市？请说一说。

文化点注释

① **京杭大运河：** 世界上里程最长、工程最大的古代运河，始建于春秋时期，隋唐时期大幅扩修。它南起杭州，北至北京，对推动中国南北地区的经济文化交流起到了重要作用。

② **台儿庄：** 位于山东省枣庄市，因处在山东和江苏的交界处，被称为“山东南大门”。明朝时期，台儿庄成为大运河从江苏开进山东的第一道船闸。清朝时期被人称为“天下第一庄”。

③ **微山湖荷花节：** 微山湖位于山东省济宁市微山县，是中国北方最大的淡水湖，有亚洲最大的天然荷花池。每年七八月份，这里都会举办微山湖荷花节，吸引了众多游客。

④ **聊城：** 位于山东省西部，是国家历史文化名城，有“运河古都”“中国北方的威尼斯”之称。聊城不仅拥有中国最古老城镇之一的东昌古镇，还拥有中国北方罕见的人工湖——东昌湖。

练习

1. 根据课文内容判断正误

（1）聊城是京杭大运河的中心点。（ ）

（2）台儿庄共有八种建筑风格。（ ）

（3）山东的“江北水城”指的是济宁。（ ）

（4）大明湖是中国北方最大的淡水湖。（ ）

（5）济宁微山湖在七月举办微山湖荷花节。（ ）

2. 选词填空

挖掘 气质 运河 时机 水源 旺季 大饱眼福

（1）作为学生，我们应当把握有利________，努力学习中文。

（2）济宁的微山湖是京杭大________的主要________。

（3）听说那部新动作电影让人________，今天我准备去看一看。

（4）金敏秀学习中文的潜力被老师________了出来。

（5）美丽源于自信，淡定源于内涵，________源于简单、大方。

（6）暑假是大学生们的旅游________，每个地方都能看到大学生们的身影。

3. 语言点学与练

据……了解

正值……

说……就……

起初……，后来……

要不是……，还……

（1）据……了解

① 这场车祸发生在一条高速公路上，据记者了解，这场车祸导致 4 人受伤。

② 据我了解，山东周村民间艺术表演活动与当地文化和商业发展的需求有关。

③ 森林刚刚发生了火灾，______________，天气过热是森林发生火灾的主要原因。

④ 这场篮球比赛非常激烈，______________________________。

（2）正值……

① 我们正值人生的黄金时段，一定要珍惜时间，发愤学习。

② 每到 7—9 月，农田里的小麦正值丰收季。

③ 高中时期的孩子们 ______________________________。

④ 北京的秋季气候适宜，还有充足的阳光，______________________。

（3）说……就……

① 二十多年的感情怎么能说散就散呢？

② 夏日的雷雨，说来就来，说走就走。

③ 今天天气这么好，我们要不来一场 ______________________ 的旅行？

④ A：小明在北京工作了十几年，但他还是离开北京了。

B：他怎么 ______________________________？

（4）起初……，后来……

① 起初我准备坐公交车回家，后来没赶上，只能骑车回家。

② 起初凯文学习成绩很差，后来通过自己的努力，他的成绩越来越好。

③ A：你之前不是说要去北京吗？怎么没去呀？

B：起初我们定好去北京了，______________________________。

④ A：你怎么还在这里？我以为你们已经去淄博吃烧烤了。

B：______________________________，后来下雨了就取消了。

（5）要不是……，还……

① 要不是你的勇气鼓舞我，我还下不了决心呢。

② 要不是他帮忙，这个项目还不一定能完成呢。

③ A：你们今天的比赛是不是延期了，我看外面好像下雨了。

B：____。

④ 要不是老师的耐心指导，____。

4. 地道表达学与练

（1）那还不好办？

① A：我最近想去曲阜，但我不知道该玩什么？

B：那还不好办？你可以上网查一下攻略。

② A：我明天想去游乐园玩，但我的作业还没有做完。

B：那还不好办？你今晚抓紧时间写完就好啦。

③ 丽娜：有什么办法提高中文水平呢？

王莉：____。

④ 乔伊：我最近心情不是很好，我该怎么办？

小华：____。

（2）实话跟你说吧

① 实话跟你说吧，走路到那里要一个小时，你还是打车吧！

② 实话跟你说吧，中国人有午休的习惯，所以别在中午打电话。

③ 马丁：你为什么不去爬山呢？是因为你不喜欢爬山吗？

大卫：____，我对爬山一点儿也不感兴趣。

④ 金敏秀：今天在学校有一场演唱会，你想去吗？

安　迪：____，我已经迫不及待了。

（3）摸不着头脑

① A：周末我们去大明湖玩吧，我们打的去大明湖。

B：我有点儿摸不着头脑，什么是“打的”呢？

② 他突发奇想的做法，着实让人摸不着头脑。

③ 对于第一次来山东的乔伊来说，这里的方言让她______________________。

④ 这道数学题小华想了很久，可他还是______________________。

（4）说一千道一万

① 说一千道一万，自己的事情只能自己解决，其他人只能帮帮忙。

② 说一千道一万，与其在工作上糊弄，不如踏踏实实地做好。

③ A：我感觉考试是靠运气，考试证明不了什么。

B：我不这么认为，______________________。

④ ______________________，我们需要适当理解别人的心情。

（5）心动不如行动

① 会说不如会做，心动不如行动。

② 心动不如行动，说到不如做到。

③ A：下周有个歌唱比赛，我还在纠结要不要报名。

B：______________________，你赶快去报名吧！

④ A：我最近变胖了，我需要去健身房减肥。

B：______________________，你要说到做到呀。

5. 文化点配对

世界上里程最长、工程最大的古代运河	微山湖
有“天下第一庄”美称的地方	京杭大运河
被称为“运河古都”的城市	台儿庄
中国北方最大的淡水湖	聊城

6. 讨论与实践

（1）京杭大运河流经的山东城市中，你最感兴趣的是哪个？谈一谈。

（2）查查资料，说说山东还有哪些有特色的城市，给大家介绍一下。

（3）在你的家乡，你所居住的城市有哪些特色？请你录制一段视频，介绍一下。

拓展阅读

寻访齐国故都——山东淄博

山东淄博是齐文化的发源地，演绎了“春秋五霸”之首的盛况；淄博也是新兴工业城市，是驰名中外的中国瓷都之一。作为国家历史文化名城，几千年的历史积淀给这里留下了丰厚的文化遗产。

淄博作为齐国故都，有着说不完的故事，“安然无恙”“田忌赛马”“老马识途”等和齐国有关的成语典故多达上百个。其中，“姜太公钓鱼，愿者上钩”的故事尤为出名。传说姜太公经常在河边钓鱼，但他的钓鱼方式非常特别——钓钩是直的，而且不放鱼饵。这件事传到周文王姬昌的耳朵里，他觉得姜太公是一个奇人，就主动与他交谈。周文王发现姜太公很有才干，便诚挚邀请他辅佐自己建国。在姜太公的帮助下，周文王父子灭掉商朝，建立周朝，姜太公被封于齐地，开创了齐文化。

淄博是一座有文化、有温度的城市。这里有见证了百家争鸣的稷下学宫，它汇集了天下贤士进行学术交流；这里孕育了《孙子兵法》《齐民要术》《聊斋志异》等巨著，留下了齐长城、齐国故城遗址等文化遗存；这里是世界足球起源地，最早的蹴鞠运动就起源于此；这里有“孔子闻韶处”的韶院村，孔子在那里欣赏了齐国大型宫廷乐舞“韶乐”的演奏；这里有火遍全中国的淄博烧烤，各地慕名而来的游客络绎不绝；这里有享誉海内外的琉璃陶瓷，工艺精湛，佳作如林。

淄博这座城市，来一次，一定让你念念不忘。

▲山东淄博齐文化博物馆陶瓷展品

想一想

1. “姜太公钓鱼，愿者上钩”讲的是什么故事？有什么寓意？

2. 谈谈你对淄博最感兴趣的方面。

第六单元　饮食文化

第十一课　舌尖上的鲁菜

生词	语言点	地道表达
1. 诱人	1. 时不时	1. 择日不如撞日
2. 扫描	2. 由此可见	2. 有什么忌口吗？
3. 二维码	3.……在于……	3. 有/没有口福
4. 葱	4. 这就是……所说的……	4. 靠山吃山，靠水吃水
5. 擅长	5. 必须得……否则……	5. 百闻不如一见
6. 油腻		6. 色香味俱全
7. 招牌菜		
8. 好事成双		
9. 烹饪		
10. 火候		
11. 蘸		

热身活动

中国有着丰富的饮食文化。你吃过中国菜吗？你最喜欢哪道中国菜？山东地区形成了独具特色的鲁菜，鲁菜被誉为“八大菜系”之首，它究竟有何魅力？

文化加油站

寻味齐鲁

中国地域辽阔，各地气候、地理、历史、物产及饮食风俗各异，逐渐形成了不同的饮食流派——“八大菜系”。其中，鲁菜作为“八大菜系”之首，历史悠久，技法丰富，是黄河流域烹饪文化的代表，代表菜有糖醋鲤鱼、葱烧海参、九转大肠、四喜丸子等。鲁菜内部又可以分为济南菜、胶东菜、孔府菜三个派别。

鲁菜讲究火候的控制，形成了鲜、嫩、咸、香的独特风味。在鲁菜中，葱是常见的调味品，很多烹饪手法，如炒、蒸、炸、烤等都会用到葱丝或者葱末，这样不仅能增加香味，还能解腻健胃。在食材上，鲁菜擅长烹饪海鲜，无论是海参、鱼翅等海珍品，还是虾、蟹、鱼等小海味，经过厨师的烹饪都能成为美味佳肴。在技法上，鲁菜有独特的爆、扒、拔丝等技法，都非常考验厨师对火候的把握，因此有“食在中国，火在山东”的说法。整体来说，鲁菜以咸为基调，用各种方法突出鲜味，或者保留菜品的原汁原味，以味道鲜美闻名全国。

▲鲁菜常见的烹饪技法——爆炒

Seeking the Taste of Qilu

China has a vast territory. With different climates, geography, histories, products, and dietary customs in various regions, it gradually forms different culinary schools – the "Eight Major Cuisines". Among them, as the first of the "Eight Major Cuisines", Shandong cuisine has a long history and rich techniques, and is a representative of the culinary culture in the Yellow River Basin. Representative dishes include Sweet and Sour Carp, Braised Sea Cucumber with Scallion, Braised Intestines in Brown Sauce, Four-Joy Meatballs, etc. Shandong cuisine can be divided into three factions: Jinan cuisine, Jiaodong cuisine, and Kongfu cuisine.

Shandong cuisine emphasizes the control of the heat, thus forming a unique flavor of freshness, tenderness, saltiness, and aroma. In Shandong cuisine, scallions are a common seasoning, and many cooking techniques such as stir frying, steaming, deep frying, and grilling use shredded or minced scallions. This not only enhances the aroma, but also relieves greasiness and invigorates the stomach. In terms of foodstuffs, Shandong cuisine excels in cooking seafood. Whether it's sea treasures such as sea cucumber and shark fin, or small seafood such as shrimp, crab, fish, etc., they can all become delicious dishes after being cooked by chefs. In terms of techniques, Shandong cuisine has unique techniques such as braising, grilling, and drawing out candied floss, all of which greatly test the chef's grasp of the heat. Therefore, there is a saying that goes, "The best food is in China, and the most accomplished cuisine is in Shandong". On the whole, Shandong cuisine takes salty flavor as the basis, highlights freshness in various ways, or preserves the original flavor of the food, thus is famous throughout the country for its delicious taste.

生词

1. 诱人	yòurén	（形）	attractive
2. 扫描	sǎomiáo	（动）	scan
3. 二维码	èrwéimǎ	（名）	QR code
4. 葱	cōng	（名）	scallion
5. 擅长	shàncháng	（动）	be good at; be expert in
6. 油腻	yóunì	（形）	greasy; oily
7. 招牌菜	zhāopáicài	（名）	speciality dish; signature dish
8. 好事成双	hǎoshì chéng shuāng		good things should be in pairs
9. 烹饪	pēngrèn	（动）	cook (food)
10. 火候	huǒhou	（名）	duration and degree of heating
11. 蘸	zhàn	（动）	dip in (ink, sauce, etc.)

课文

大　卫：（拿着手机给王莉看）最近我时不时刷到一些美食视频，看上去真诱人啊！

金智贤：这是鲁菜吧？

大　卫：对，听说鲁菜是中国“八大菜系”之一，有机会我一定要去尝尝。

金智贤：学校附近就有很多家鲁菜馆，择日不如撞日，我们下课就去吃吧。

大　卫：好，那再叫上王莉一起吧。

（进入鲁菜馆）

服务员：欢迎三位，这边请。我们店是自助点餐，扫描桌子上的二维码就可以了。

王　莉：你们想吃什么？有什么忌口吗？

大　卫：我不吃葱。

王　莉：我本来还想点一道葱烧海参给你尝尝呢。鲁菜擅长用葱调味，不仅能让菜更美味，还能减少油腻感，对身体好。这道煎饼卷大葱也是山东名菜。

▲葱烧海参

▲煎饼卷大葱

大　卫：由此可见山东人有多爱吃葱，可惜我没有口福了。还有别的菜吗？

王　莉：可以点点儿鱼虾之类的。山东靠近大海，人们靠山吃山，靠水吃水。这道糖醋鲤鱼就是代表性的鲁菜之一。

大　卫：看上去造型也很特别呢，那我们尝尝吧。

▲糖醋鲤鱼

金智贤：我看了看这家店的招牌菜，九转大肠和四喜丸子看起来也不错！

王　莉：好，听你们的。现在有三道菜了，好事成双，再点个拔丝地瓜怎么样？

金智贤：拔丝地瓜是什么？

王　莉：这道菜主要是用地瓜和糖做的，口味偏甜。夹地瓜的时候会拉出很长的糖丝，所以叫“拔丝”。这也是鲁菜的特色烹饪方法，它的关键在于“火候”，火候不到不拉丝，火候过了就会煳。

大　卫：这就是人们所说的“食在中国，火在山东”吧。

王　莉：没错。吃这道菜的时候必须得在凉水中蘸一下，否则满桌子都是糖丝了。最后再看看主食吧，想吃什么？

金智贤：鲅鱼水饺怎么样？我还没吃过鱼肉馅的饺子呢。

王　莉：那点一份尝尝吧，这也是山东特色。

（吃完饭后）

大　卫：真是"百闻不如一见"，鲁菜色香味俱全，非常可口。

王　莉：鲁菜中还有很多其他名菜呢！下次再带你们尝尝！

▲ 九转大肠

▲ 四喜丸子

▲ 拔丝地瓜

▲ 鲅鱼水饺

想一想，说一说：

1. 王莉、大卫和金智贤是怎么点菜的？
2. 王莉他们点了哪些菜？
3. 鲁菜有哪些特点？请你试着举例说一说。

文化点注释

❶ **八大菜系**：是指八种中国最有名的地方菜系，包括鲁菜、川菜、粤菜、江苏菜、闽菜、浙江菜、湘菜、徽菜。由于各地物产、气候等差异，它们在饮食风味、烹饪方法等方面各有特点，体现了中国多样的饮食文化。

❷ **葱烧海参**：山东省胶东地区（指烟台、青岛等地）的一道特色名菜，是鲁菜代表菜之一。这道菜以海参和大葱为主料，海参味鲜柔软，葱可以减少它的腥味，营养丰富又美味。

❸ **煎饼卷大葱**：煎饼是起源于山东泰安的中国传统主食之一，用面粉、玉米面、豆面等多种原料制成，外形像荷叶，又薄又软。山东人喜欢把大葱蘸上甜面酱，卷在煎饼里，吃起来葱香满口，别有风味。

❹ **糖醋鲤鱼**：山东济南的传统名菜，也是鲁菜中的代表性菜品之一。人们会先将鲤鱼炸一下，让它头尾翘起，再用糖和醋制成糖醋汁，浇在鱼身上。糖醋汁遮住了鱼的腥味，酸酸甜甜，好吃好看。

❺ **九转大肠**：一道非常有名的济南菜，主要以猪大肠为原料，加入十多种调料制作而成。这个菜吃起来有酸、甜、香、辣、咸五味，肥而不腻，鲜香味美。

❻ **四喜丸子**：四喜丸子由四个较大的猪肉丸组成，颜色金黄。四个丸子象征着人生的福、禄、寿、喜四大喜事，所以在喜宴、寿宴中经常会见到这道菜。

❼ **拔丝地瓜**：将油和糖熬成糖浆，淋在炸过的地瓜块上制成的一道菜，夹起时可以拉出很长的糖丝。吃的时候可以在凉水（或其他饮料）中蘸一下，以便把丝拉断。人们还仿照这种方法制作了拔丝土豆、拔丝苹果等，广受好评。

❽ **鲅鱼水饺**：山东胶东地区的一道传统名菜，是用鲅鱼、猪肉、韭菜等为馅，制作而成的饺子。猪肉、韭菜能更好地激发鱼肉的鲜味，也能使营养更加丰富。

练习

1. 根据课文内容判断正误

（1）“八大菜系”指八种不同风格的菜系，“鲁菜”是其中之一。（ ）

（2）鲁菜擅长用葱调味，所以王莉他们点了葱烧海参和煎饼卷大葱。（ ）

（3）九转大肠和鲅鱼水饺是这家店的招牌菜。（ ）

（4）“拔丝”是鲁菜的一种烹饪方法，体现了鲁菜擅长把握火候的特点。（ ）

（5）王莉和朋友们点了四道菜，四是双数，象征着“好事成双”。（ ）

2. 选词填空

招牌菜　二维码　烹饪　诱人　擅长　油腻

（1）这家店的菜看起来非常 ________，我们去尝尝吧。

（2）这家超市可以自助结账，只要扫描商品的 ________就可以了。

（3）我从 6 岁就开始学习滑雪了，这是我最 ________的运动。

（4）病人刚做完手术，饮食上要清淡一些，不能吃太 ________的东西。

（5）能不能推荐一些这家店的 ________？我们不知道点什么好。

（6）成为厨师是他的梦想，所以长大后他去了职业学校学习 ________。

3. 语言点学与练

时不时

由此可见

……在于……

这就是……所说的……

必须得……否则……

（1）时不时

① 妈妈担忧地在路边走来走去，时不时抬头张望一番，盼望孩子早点儿回来。

② 在这个多彩的花园里，我时不时能闻到一阵阵花香。

③ 夜里，宝宝____________________，所以爸爸妈妈总是睡不好。

④ 看到朋友总是努力工作，没有休息时间，你想让他休息一下，你会说：____。

（2）由此可见

① 中文中有很多和泰山相关的俗语，由此可见，泰山在中国人心中的地位很高。

② 他每天坚持弹钢琴 6 个小时，由此可见，要成为钢琴大师必须刻苦练习。

③ 他全款买下了这套房子，______________________________。

④ 线上预约新款手机的人数已经超过了 46 万，__________________________。

（3）……在于……

① 这篇文章的意义在于反映现实问题，引发人们思考。

② 我们公司产品的优势在于紧跟时代潮流，所以深受年轻人喜爱。

③ 她能成为享誉中外的舞蹈家，______________________________。

④ A：什么是好的爱情？

B：我认为，____。

（4）这就是……所说的……

① 送礼的时候，礼物的价格不重要，重要的是表达心意，这就是中国人所说的“礼轻情意重”。

② 这就是你所说的“鲅鱼水饺”？真好吃！

③ 根据学生的特点进行教学，__________________________________。

④ A：____？

B：没错，泰山文化底蕴深厚，景色雄伟壮丽，所以被称为“五岳之首”。

（5）必须得……否则……

① 这次体检结果出来了，你必须得减肥了，否则将影响身体健康。

② 必须得想办法解决停车难的问题，否则这里的马路都要变成停车场了。

③ 明天就要考试了，我今晚 ____。

④ 租房之前，我们 ____。

4. 地道表达学与练

（1）择日不如撞日

① 择日不如撞日，我们来一场说走就走的旅行吧。

② 择日不如撞日，我们今天就去游乐场吧！

③ ____，我想今天去游泳。

④ A：这部电影终于要上映了，我们什么时候一起去看？

B：____。

（2）有什么忌口吗？

① A：我来点菜吧！你有什么忌口吗？

B：我没有忌口，想吃什么就点什么吧。

② A：先生，您有什么忌口吗？

B：我不吃辣。

A：好的，请稍等，菜马上就好。

③ 服务员：____。

我：没有。多加辣，谢谢。

（3）有 / 没有口福

① 他对鸡蛋、牛奶、海鲜过敏，真是没有口福。

② 经常有人请你吃饭，真是有口福。

③ 你女朋友的厨艺这么好，____。

④ 你去北京出差，正好在北京的朋友办生日宴，邀请你去，你会说：____________

____。

（4）靠山吃山，靠水吃水

① 正所谓"靠山吃山，靠水吃水"，住在海边的人餐桌上肯定少不了海产品。

② 虽然人们也会靠山吃山，靠水吃水，但他们不会将这些资源吃空了，而是会注意长远发展，有节制地利用资源。

③ ______________________，所以中国的“八大菜系”擅长烹饪不同的食材。

④ 村民们根据当地条件创办了农家乐，让城市里的人体验乡村生活，可以说：____。

（5）百闻不如一见

① 听说长城很壮观，这次去看了一下，真是百闻不如一见啊！

② A：爬泰山的感觉怎么样？有意思吗？

B：泰山日出太好看了！百闻不如一见，你一定要去爬一次！

③ ______________________，趵突泉的迎春花灯节真是太有趣了！

④ 看了大明湖，你觉得那里的景色非常美，回来后你会对朋友说：____。

（6）色香味俱全

① 减肥餐怎么做得低脂又色香味俱全呢？

② 色香味俱全的鲁菜展现了山东人民的智慧。

③ 你的厨艺真好，____。

④ 你在中国吃过很多火锅，发现四川火锅最好，不仅好看还好吃，你会说：____。

5. 文化点配对

中国著名的八个饮食流派	拔丝地瓜
用葱和海参做成的菜	四喜丸子
在喜宴、寿宴中经常会见到的菜，象征着人生的四大喜事	八大菜系
用鲅鱼和猪肉、韭菜做成的水饺	葱烧海参
一道有名的鲁菜，甜甜的，可以拉丝	鲅鱼水饺

6. 讨论与实践

（1）鲁菜为什么被称为“八大菜系”之首？

（2）如果你带朋友去吃鲁菜，你会推荐哪些菜？为什么？

（3）查阅相关资料，学做一道简单的鲁菜，并介绍你的制作过程。

拓展阅读

葱王

如果有人说你没有葱高，不要奇怪，那一定是山东大葱。名扬全国的鲁菜除了讲究做菜的火候，还有擅长用葱调味的特点。山东美食为什么很多都带葱香味，这还得从两千多年前说起。

在山东济南的章丘区，大葱有超过两千年的种植史。章丘大葱为什么这么有名呢？主要是因为它高、长、脆、甜。首先，章丘大葱高，在每年大葱收获的季节，章丘都会举办“葱王争霸赛”，评选出最高、最壮的“葱王”。很多参赛“选手”的“身高”都超过了2米，1米8以下的葱都没有资格参赛。其次是章丘大葱的葱白长，普遍有50—60厘米，最长的葱白有1米左右，粗细均匀，白如凝脂。脆、甜说的是章丘大葱的口感。章丘大葱吃起来有点儿清甜的味道，辣味稍淡，口感脆爽。所以，章丘大葱无论是生吃还是炒熟了吃，都十分美味。

章丘大葱好吃，得益于当地四季分明的气候条件，山东人身边有这样的美食，肯定要将其融入菜中。所以，打开鲁菜菜谱，你就会发现葱烧类的菜特别多，各种冷菜、热菜中都能看到葱的身影，如鲁菜名吃葱烧海参、葱炮肉等都是葱香十足的佳肴。

如今，随着科技发展，章丘大葱的种植更加智慧化，产量大幅增加。2023年，章丘大葱种植总面积达到11.5万亩，年产量达到63万吨，受到了广大消费者的喜爱。

▲山东章丘大葱

想一想

1. 山东章丘大葱为什么闻名全国?

2. 山东还有哪些丰富的物产? 介绍一种你最喜欢的山东特产。

第十二课 孔府菜的文化密码

生词	语言点	地道表达
1. 宴席	1. 并非……，而是……	1. 久等了
2. 遵守	2. 用……的话讲 / 说	2. 民以食为天
3. 精致	3. 不单……，更……	3. 天哪！真够……的！
4. 花样	4. 足以	4. 别光顾着……了
5. 内涵	5. 特别是……，甚至……	
6. 由来		
7. 官职		
8. 授予		
9. 必不可少		
10. 豪华		

热身活动

孔子为历代王朝所尊崇，因此孔府上要迎接“真龙天子”，下要招待前来祭孔的各级官员。一直以来，孔府宴烹饪讲究，造诣精深。想象一下，如果你来到古代的孔府，你觉得你会吃到什么菜呢？

文化加油站

天下第一官菜——孔府菜

孔府菜是鲁菜的一种，有“公馆菜”的美称，在中华饮食文化中占有重要地位，2011 年孔府菜烹饪技艺被列入国家级非物质文化遗产代表性项目名录。孔府菜在国内外都很有名气，在 2018 年上海合作组织青岛峰会上，来自各国的领导人品尝了孔府一品八珍盅、孔府神仙鸭等代表菜。

孔子的嫡长子孙曾被封为“衍圣公”，身份显贵。他们按照孔子“食不厌精，脍不厌细”的饮食观念，制作出孔府菜。孔府菜取材广泛，烹调手法多样，造型华丽精美，文化内涵丰富。

孔府菜分为宴席菜和家常菜两种，菜品的数目、样式、摆放、食用礼仪都有讲究。孔府宴席有寿宴、花宴、喜宴、迎宾宴等。其中，迎宾宴会根据客人身份分为不同的等级。如，在清朝，第一等是只有皇帝和重要大臣才能吃的“满汉全席”，汇聚了满族和汉族的名菜佳肴，菜品有 196 道，餐具要用 404 件；第二等是为接待贵宾所设的“鱼翅四大件”和“海参三大件”等宴席。孔府家常菜虽然是一些如米粥、煎饼、豆芽、鸡蛋等的寻常食物，但是经过孔府厨师的精细制作，也能成为独特的菜品。

▲孔府菜中的“满汉全席”

The Best Official Dish in the World — Kongfu Cuisine

Being a type of Shandong cuisine, Kongfu cuisine is known as "Mansion Cuisine" and takes an important position in Chinese culinary culture. In 2011, the culinary techniques of Kongfu cuisine were listed as a national intangible cultural heritage. It is famous at home and abroad. In 2018, at the Shanghai Cooperation Organization Qingdao Summit, leaders from various countries tasted Kongfu's Delicious Eight-Treasure Soup, Kongfu's Celestial Duck and other representative dishes.

Confucius' direct eldest male descendants were conferred the title of "Duke Yansheng" and held a prestigious position. Following Confucius' dietary idea of being very exacting about food, they made Kongfu cuisine that has a wide range of ingredients, diverse culinary skills, gorgeous and exquisite shapes, and rich cultural connotations.

Kongfu cuisine is divided into two types: banquet dishes and home-style dishes, with special attention paid to the number, style, arrangement, and dining etiquette of the dishes. Kongfu banquet includes the birthday banquet, flower banquet, wedding banquet, welcome banquet, etc., among which the welcome banquet has different classes based on the identity of the guests. For example, since Qing Dynasty, the first class is the "Manchu-Han Imperial Feast" which gathers famous dishes and delicacies of the Manchu and Han ethnic groups and is only served for emperors and important ministers. There are 196 dishes and 404 tableware needed. The second class includes banquets such as the "Four Major Components of Shark Fin" and the "Three Major Components of Sea Cucumber" designed for distinguished guests. Although Kongfu home-style dishes are common food such as rice porridge, pancakes, bean sprouts, and eggs, they can also become unique dishes after the superb cooking of Kongfu chefs.

生词

1. 宴席	yànxí	（名）	banquet; feast
2. 遵守	zūnshǒu	（动）	observe; comply with
3. 精致	jīngzhì	（形）	exquisite
4. 花样	huāyàng	（名）	pattern; variety
5. 内涵	nèihán	（名）	connotation
6. 由来	yóulái	（名）	origin
7. 官职	guānzhí	（名）	official position
8. 授予	shòuyǔ	（动）	confer; award
9. 必不可少	bìbùkěshǎo		indispensable
10. 豪华	háohuá	（形）	luxurious

课文

（刘老师带大卫、王莉、金智贤去曲阜游学，并在孔府菜馆吃饭）

刘老师：我刚刚在外面点菜，同学们久等了。

王　莉：没关系，老师，请您上坐。

（刘老师坐在对着门的中间座位上）

大　卫：（悄悄对王莉说）怪不得刚刚没有人坐在那儿，这是有什么讲究吗？

王　莉：在宴席上，我们并非想坐哪儿就能坐哪儿，而是要遵守座次礼仪，比如中间的座位一般要留给长辈，表示尊敬。

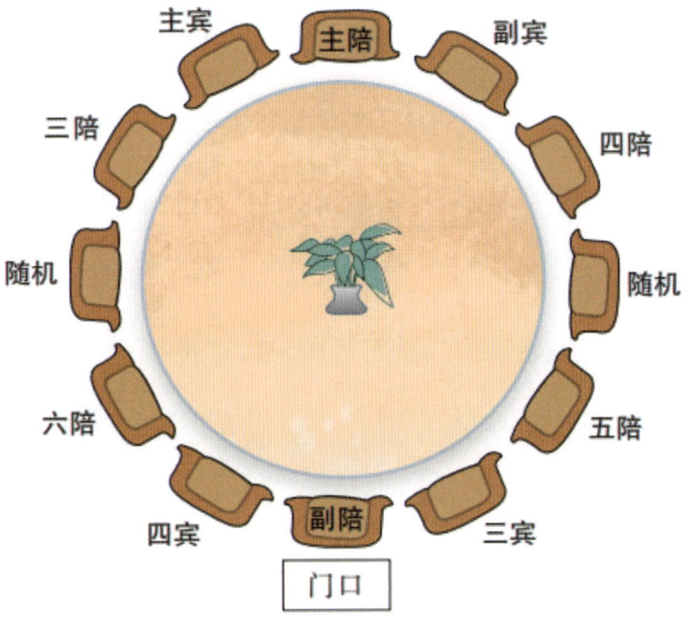

▲座位示意图

（上菜后）

金智贤：我以为之前吃过的几道菜已经很精致了，没想到孔府菜的花样更多。

王　莉：孔子提倡“食不厌精，脍不厌细”。用现在的话讲，就是饭菜要做得很细致，孔府菜更是如此。

刘老师：民以食为天。孔府菜不单讲究卫生和营养，更有丰富的文化内涵。这道菜用了很多珍贵的食材，被称为“孔府一品锅”，谁知道它名字的由来？

大　卫：是不是和官职有关系？

刘老师：说对了，孔子的后代被授予一品官职，皇上来孔府的时候亲自给这道菜命名，足以体现孔府的地位。

金智贤：那这道菜里一大一小的是什么？

刘老师：这是鸭子和鸽子，你看它们像不像父子俩？这道菜叫“带子上朝”，寓意孔府代代都是做官的人，是孔府宴席上必不可少的一道菜。

金智贤：每道菜都有文化意义啊，这个“阳关三叠”的“阳关”是不是“西出阳关无故人”的“阳关”？

刘老师：对，在古代，出了阳关就意味着远离家乡，因此这道菜多用来表示对友人的不舍。

大　卫：孔府宴太讲究了。我刚才听说孔府宴席种类很多，特别是各类迎宾宴非常豪华，招待皇帝的“满汉全席”甚至有196道菜。

金智贤：天哪！真够多的！

王　莉：孔府对宴席规模有严格的要求，这都体现了对“礼”的追求。孔府“高摆宴”也很有特点，是庆祝生日的特色宴席。

刘老师：　同学们别光顾着聊天儿了，快尝尝这道“诗礼银杏”。

金智贤：　味道很不错，今天真是有口福了。

▲阳关三叠

▲诗礼银杏

想一想，说一说：

1. 课文中，宴席的座次有什么讲究？
2. “孔府一品锅”名字的由来是什么？
3. 孔府的“迎宾宴”有哪些特点？结合例子说一说。

文化点注释

1 **座次礼仪：** 在山东，正式的酒席一般都是围坐圆桌，坐在不同的位置上表示不同的身份。正对门口的座位是主陪，一般由主人或者买单的人坐。主陪右手边第一个位置是主宾位，是最重要的客人，其他位置大都是交叉的。

2 **食不厌精，脍不厌细：** 意思是粮食越精越好，肉切得越细越好，形容食物的制作要精细。这句话出自《论语》，体现了孔子的饮食观念，是孔府菜的基本理念。

3 **孔府一品锅：** 由鸡、鸭、海参等十多种珍贵原料制成的一道孔府菜，汤汁鲜美，营养丰富。清朝官员分一至九品，一品最高，皇帝为了表示对孔子的尊敬，将孔子的后人封为一品官，将这道菜赐名为“当朝一品锅”。

4 **带子上朝：** 这道菜以鸭子和鸽子作为主要原料。鸭子体积大，象征“父”；鸽子体积小，象征“子”。菜里的汤汁象征“潮”，谐音“朝”，“上朝”也就是“做官”的意思，寓意孔府可以辈辈做官，代代上朝。

5 **阳关三叠：** 这道菜精选鸡肉、虾肉、鱼肉等，配以海带或白菜，叠为三层，形成三种颜色。这道菜名字取自唐朝诗人王维的诗句“西出阳关无故人”，主要用于送别宴席。

6 **满汉全席：** 用来接待皇帝和重要大臣的最正式的宴席，沿用的是满、汉国宴的规格和标准，有菜品 196 道，全是山珍海味，全面展示了满族和汉族饮食风味，体现出“圣人之家”的气派。

7 **高摆宴：** 孔府主人和长辈庆祝生日时的宴席。宴席上通常有四个用江米做成的“高摆”，像四根粗大的蜡烛，外面写有“寿比南山”等吉言，还有各种干果摆成的图案，色彩缤纷，成为宴席的特殊装饰品。

8 **诗礼银杏：** 孔府宴中特有的传统名菜之一。孔子在教儿子孔鲤时曾说“不学诗，无以言”“不学礼，无以立”。孔子后代自称“诗礼世家”，并修建了“诗礼堂”。堂前有两棵银杏树，后人用树上的银杏果实做菜，取名“诗礼银杏”。

练习

1. 根据课文内容判断正误

（1）吃饭的时候要遵守座次礼仪。（　　）

（2）金智贤觉得孔府菜没有她以前吃的鲁菜精致。（　　）

（3）孔子倡导的饮食观是“民以食为天”。（　　）

（4）“孔府一品锅”的命名与孔子后代的一品官职有关。（　　）

（5）“高摆宴”是用来招待皇帝的。（　　）

2. 选词填空

内涵　　必不可少　　精致　　花样　　授予

（1）孔府菜名有丰富的文化________，我想深入了解一下。

（2）30 年来，他一直坚持在沙漠植树，被________“环保先进个人”称号。

（3）简单的一块石头经过他的一番雕刻，成了________的艺术品。

（4）饺子是年夜饭餐桌上________的美食。

（5）这家店做的蛋糕________众多，我们在这儿买吧。

3. 语言点学与练

并非……，而是……

用……的话讲 / 说

不单……，更……

足以

特别是……，甚至……

（1）并非……，而是……

①他能赢得这场比赛，并非靠运气，而是靠努力。

②我告诉你真相，并非是想让你记恨他，而是想让你原谅他。

③他看起来每天都很快乐，其实并非所有事都称心如意，____________________

____。

④朋友找工作的过程非常不顺利，你想安慰他，你会说：____________________

____。

（2）用……的话讲 / 说

①做成一件事的方法不止一种，用西方人的话说就是“条条大路通罗马”。

②每个人的命运都掌握在自己手中，用现在流行的话说就是“我命由我不由天”。

③不常见的东西才更加珍贵，____________________，就是“物以稀为贵”。

④吃的东西要精细制作，____。

（3）不单……，更……

①毒品不单会伤害你的身体，更会给家庭带来痛苦。

②北京的故宫不单是一个博物馆，更见证了中国六百多年的变迁。

③朋友不单可以与你分享喜悦，____________________________________。

④A：来中国学中文带给了你什么？

B：____。

（4）足以

①她学习成绩优异，足以在北京找到一份高薪工作，但她却选择回去建设家乡。

②流浪汉已经两天没吃饭了，一个面包不足以让他填饱肚子。

③这座房子很坚固，____。

④小王继承了一大笔钱，能在北京买一套大房子，可以说：____________________

____。

（5）特别是……，甚至……

① 很多人沉迷网络游戏，特别是青少年经常上网到深夜，甚至整夜不睡觉，严重影响了学习成绩。

② 他对花粉过敏，特别是春天的时候更是过敏得厉害，有时甚至不敢出门。

③ 近年来物价不断上涨，____________________________________。

④ 这次洪灾造成的损失很大，____________________________________。

4. 地道表达学与练

（1）久等了

① 非常抱歉，路上堵车了，让你们久等了。

② 菜来了，让您久等了。

③ A：刘总，____。

B：没关系，我们也刚到。

（2）民以食为天

① 俗话说，民以食为天。如果大家都去经商了，谁来种粮食？

② 民以食为天，食以安为先。国家加大对食品安全的监督，严厉处罚违法行为。

③ ____________________________________，要努力保障粮食供应。

④ A：这位科学家一生都在为提高水稻产量而努力，了解了他的故事，你有什么感受？

B：____。

（3）天哪！真够……的！

① A：快看，没想到公园里有这么多人。

B：天哪！真够多的！

② A：我昨天晚上从车站回到家都 12 点了。

B：天哪！真够晚的！

③ A：我刚买了份臭豆腐，你要不要尝尝？

B：____！我可不吃。

④ A：我的行李可能有点儿重，您再找一个人一起搬吧。

B：____！

（4）别光顾着……了

① 别光顾着聊天儿了，这么多好吃的不吃就浪费了。

② 你别光顾着看电视了，快来帮我做做家务。

③ ____，也该享受享受生活。

④ 朋友一直打游戏，都不吃饭了，你会对他说：________________________

____。

5. 文化点配对

食物要制作精细	孔府一品锅
孔府最高等级的宴席，用来招待皇上	满汉全席
孔府的生日宴	食不厌精，脍不厌细
孔府菜的代表，和孔子后人“一品官”有关系	高摆宴

6. 讨论与实践

（1）如果你去孔府菜馆，会看到什么样的菜单呢？尝试自己设计一张孔府菜单，配上相应的图画吸引顾客。

（2）从下列特色孔府菜品中任选一道，查阅资料，与大家分享其背后的故事。

（菜品有：阳关三叠、一品豆腐、怀抱鲤、寿字鸭羹、八仙过海闹罗汉）

（3）介绍一道你家乡的有名的菜。

拓展阅读

山东的酒

在中国，要问哪个省份的人酒量最好，相信很多人会告诉你是山东。都说山东人性格豪爽、热情好客，在酒桌上更能体现出来。“大口吃肉、大碗喝酒”“先干为敬”，这是山东人自古传承下来的待客饮酒习惯。

早在孔子生活的春秋时期，人们的生活就离不开酒了。根据历史记载，孔子也喝酒，他提倡“唯酒无量，不及乱”，意思是虽然不限制你喝酒的量，但不要喝醉，要有节制。喝酒也有礼仪，比如酒宴结束后，客人、长辈离开后，年轻人才能离开。受孔子的影响，山东人一直到现在都十分讲究宴饮上的礼节，如座次礼仪、敬酒礼仪、举杯礼仪等。

▲白酒

山东的名酒很多，除了青岛啤酒、张裕红酒以外，比较有名的还有孔府家酒、景阳冈酒。说到孔府家酒还有一个有名的传说。清代乾隆皇帝最后一次到曲阜祭孔时，顺便看望他的女儿（第72代衍圣公孔宪培的妻子）。在宴席上，孔宪培拿出了孔府家酒款待岳父，乾隆喝后，称赞孔府家酒好喝，并对孔宪培说以后赴京时给他带上几坛孔府家酒和西关的小羊羔。后来孔府每年去皇宫进贡，一切皆免，唯独孔府家酒和小羊羔不可少。因此，后来就有了“羊羔美酒”的说法。

想一想

1. 山东人为什么重视宴饮礼仪？

2. 在你们国家有哪些餐桌礼仪？和大家分享一下。

第七单元　民俗艺术

第十三课　手指翻舞创造美

生词	语言点	地道表达
1. 题材	1. 不……不……	1. 看起来容易做起来难
2. 注重	2. 没有……就没有……	2. 咱们换换口味
3. 幅	3. V. 着 V. 着	3. 一方水土养一方人
4. 栩栩如生	4. 瞧把 ×……的	4. 走过路过不要错过
5. 发源地	5. 所谓……，指的是……	5. 三百六十行，行行出状元
6. 活力		
7. 走近		
8. 与时俱进		
9. 更换		
10. 刺绣		
11. 和谐		

热身活动

一张小小的纸，或画或剪或印，在手的灵活操作中千变万化，展现着人们的审美与智慧。今天，《艺术山东》节目请到了几位民间艺术大师，他们有的用一把剪刀剪出了美好生活，有的用一双巧手绣出了精彩人生。猜猜看：他们的手艺是什么？

文化加油站

非遗看山东

山东有着丰富多彩的非物质文化遗产。潍坊风筝制作技艺、淄博陶瓷烧制技艺、杨家埠木版年画等都入选了国家级非物质文化遗产代表性项目名录。这些技艺都体现了鲜明的地域特色。潍坊是世界风筝的发源地，被称为“世界风筝之都”，现在世界上的很多风筝都来自潍坊；淄博矿产资源丰富，为陶瓷和琉璃的制作提供了丰富的原材料；杨家埠是木版年画的重要产地，这里曾一度出现“画店百家，画种过千，画版上万”的场景。

山东人因地制宜，传承了古老的民间工艺，又与时俱进，不断发展，在形式和内容上增加了新的时代色彩，让非遗技艺越来越有活力。总的来看，山东的非遗技艺有着浓厚的山东特色，既表现了齐鲁大地独特的民间风俗和文化生活，又体现了山东包容、开放、创新、发展的文化生态。

▲潍坊世界风筝博物馆

Intangible Cultural Heritage in Shandong

Shandong has a rich and diverse intangible cultural heritage. Weifang kite-making techniques, Zibo ceramic-firing techniques, Yangjiabu woodblock New Year paintings, etc. have been selected as representative projects of national intangible cultural heritage. All these skills reflect distinct regional characteristics. Weifang is the birthplace of kites around the world and is known as the "Kite Capital of the World". At present, many kites in the world come from Weifang. Zibo is rich in mineral resources, providing abundant raw materials for the production of ceramics and colored glazes. Yangjiabu is an important production area for woodblock New Year paintings, where there were once scenes of "hundreds of painting shops, over a thousand painting types, and tens of thousands of painting plates".

Shandong people have adapted to local conditions, inherited ancient folk crafts, and kept pace with the times. It constantly develops and adds new characteristics of the times in form and content, making intangible cultural heritage techniques more and more dynamic. Generally speaking, the intangible cultural heritage techniques in Shandong have strong local characteristics, which not only reflect the unique folk customs and cultural life of the Qilu region, but also show the inclusive, open, innovative, and developmental cultural ecology of Shandong.

生词

1. 题材	tícái	（名）	subject matter
2. 注重	zhùzhòng	（动）	lay stress on
3. 幅	fú	（量）	*used for cloth, pictures, scrolls, etc.*

4. 栩栩如生	xǔxǔ-rúshēng		lifelike
5. 发源地	fāyuándì	（名）	birthplace
6. 活力	huólì	（名）	vitality
7. 走近	zǒujìn	（动）	approach
8. 与时俱进	yǔshí-jùjìn		keep abreast of the times
9. 更换	gēnghuàn	（动）	replace
10. 刺绣	cìxiù	（名）	embroidery
11. 和谐	héxié	（形）	harmonious

课文

（大卫和王莉是学校《艺术山东》节目的主持人，他们正在采访民间手工艺大师）

大　卫：齐奶奶，您是山东高密剪纸大师，聊聊您的“老朋友”吧。

齐奶奶：高密剪纸题材广泛，注重图案组合，图案大多来自山东民间传说和神话故事，体现了独特的高密风格。

王　莉：不看不知道，您带来的这幅生肖剪纸作品真是栩栩如生。

大　卫：看起来容易做起来难，没有多年的积累就没有现在的手艺。

王　莉：是的。不过民间工艺不只在手上，还能飞上天呢。山东潍坊是风筝的发源地，每年都会举办国际风筝节。我们来看看高大爷制作的潍坊风筝。

大　卫：高大爷，您这是什么造型的风筝？样子好特别啊。

高大爷：龙头蜈蚣风筝，这是潍坊的特色。潍坊风筝充满活力，也表达了人们对美好生活的向往。

大　卫：看着看着我都入迷了，我特别想现在就去潍坊感受感受放风筝的快乐！

王　莉：瞧把你激动的。快收收心，让我们走近杨家埠木版年画。年画不但造型美丽，而且与时俱进。每年春节，人们都会更换题材。看！这是《一带一路》，那是《绿水青山》。

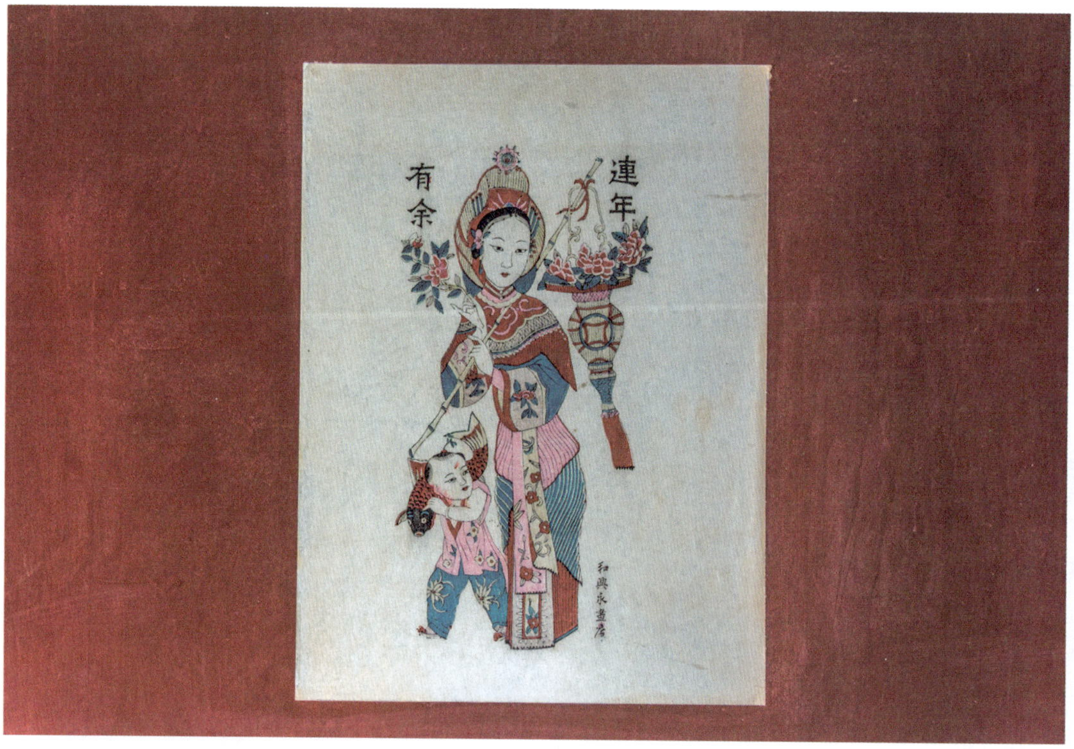

▲杨家埠木版年画

大 卫：百闻不如一见，一张纸在中国人的手里真是千变万化！

王 莉：咱们换换口味，看看来自山东的刺绣——鲁绣。刘大妈您好，请问鲁绣和其他地区的刺绣有什么不同吗？

刘大妈：鲁绣首创了“发丝绣”，所谓“发丝绣”，指的是在绣制过程中加入头发丝，绣品清新淡雅，能表现出书画的水墨效果。

王 莉：这种技艺真独特，那鲁绣还有什么地方特点吗？

刘大妈：一方水土养一方人，受儒家思想影响，鲁绣的图案注重对称和谐，作品常常体现“仁”和“礼”。

▲鲁绣扇面

大 卫：中国的刺绣和陶瓷通过丝绸之路为世界所熟知。了解完刺绣，山东的瓷器又有什么样的秘密呢？

王　莉：走过路过不要错过！大家看，我手中的陶瓷就出自北方瓷都——山东淄博。淄博盛产陶瓷和琉璃，培养出许多非遗传承人，他们把蛋壳陶和雨点瓷带到了世界各地。

▲山东淄博博物馆黑陶

▲淄博中国陶瓷琉璃馆展品

大　卫：俗话说得好，“三百六十行，行行出状元”。看了这么多艺术品，真是一次美的享受！

王　莉：你对哪种艺术形式最感兴趣呢？今天的《艺术山东》就到这里。我们下期再见。

想一想，说一说：

1. 山东高密的剪纸有什么特点？
2. 潍坊的别称是什么？当地的风筝为什么出名？
3. 杨家埠和淄博的代表手工艺是什么？

文化点注释

1 **高密剪纸**：山东高密的传统美术。剪纸题材广泛，内容丰富，花草虫鱼、飞禽走兽和人物事件都可以作为剪纸图案。

2 **潍坊风筝**：潍坊被称为“世界风筝之都”。当地风筝制作技术高，富有美感，在设计中传递了美好的祝福。潍坊风筝的代表有龙头蜈蚣、雷震子、仙鹤童子、麻姑献寿等类型。

3 **杨家埠木版年画**：潍坊的传统版画，常在过年时张贴。年画一般表达人们对未来的美好祝愿，同时记录当地的社会生活。潍坊杨家埠与天津杨柳青、苏州桃花坞并称中国木刻版画三大产地。

4 **鲁绣**：山东地区的代表性刺绣。鲁绣大师的独特技艺是“发丝绣”，是一种头发与生丝结合的工艺，常用来绣制人物的头发、动物的皮毛。

5 **淄博陶瓷**：淄博是驰名中外的瓷都之一，这里生产的陶瓷和琉璃享誉国内外。代表性的陶瓷有蛋壳陶、雨点瓷等，代表性的美术琉璃有鸡肝石、鸡油黄等。

练习

1. 根据课文内容判断正误

（1）高密的代表性艺术是剪纸。（　　）

（2）潍坊虽然不是风筝的发源地，但这里风筝制作技艺高，被称为“世界风筝之都”。（　　）

（3）龙头蜈蚣风筝表现了龙的活力，表达了人们的美好愿望。（　　）

（4）杨家埠木版年画与时俱进，每年都会更换年画题材。（　　）

（5）鲁绣是山东代表刺绣，绣制过程中会加入头发丝。（　　）

（5）山东淄博的陶瓷工艺水平高，是中国南方的“瓷都”。（　　）

2. 选词填空

发源地	刺绣	和谐	与时俱进	题材	栩栩如生

（1）花、鸟、鱼、虫是中国国画的常见________，常常在各种作品中出现。

（2）黄河流域是中国二十四节气的________。

（3）________是取得成功的秘诀，不满足于过去的成就，才能更上一层楼。

（4）中国的________在秦汉时期便已达到较高水平。

（5）山东的馒头造型富有特色，狮子、老虎各种造型________。

（6）我们要主动为残疾人的生活提供帮助，共同建设________社会。

3. 语言点学与练

不……不……
没有……就没有……
V. 着 V. 着
瞧把 ×……的
所谓……，指的是……

（1）不……不……

① 这里的房价不问不知道，一问吓一跳。

② 她今天一直在工作，不做完不休息。

③ ________________________________，原来中国是足球的发源地。

④ ________________________________，济南的甜沫是咸的，不是甜的。

（2）没有……就没有……

① 沙漠变绿洲不是一件容易的事，没有一代代人的坚持，就没有今天的成果。

② 城市的发展要靠所有人的努力，没有各行各业的辛苦付出，就没有城市的繁华。

③ 天上不会掉馅饼，__________________，__________________。

④ 水是生命之源，__________________，__________________。

（3）V. 着 V. 着

①《泰坦尼克号》太感人了，看着看着我就掉眼泪了。

② 我看了一下午故事书，看着看着就忘记了时间。

③ 这巷子太长了，________________________________。

④ 我一般在睡前听轻音乐，____________________________。

（4）瞧把 ×……的

① 晚高峰路上的人也太多了，瞧把我堵的。

② 一只小狗而已，瞧把你吓的，眼泪都出来了。

③ 这雨怎么说下就下，__________________________，全身都湿了。

④ 王伟中了 500 块钱，__________________________，笑都藏不住了。

（5）所谓……，指的是……

① 所谓“改革开放”，指的是中国实行的对内改革、对外开放的政策。

② 所谓“乡村振兴”，指的是发展乡村的经济，保护乡村的环境。

③ 所谓“双十一”，________________________________。

④ 所谓“刷脸支付”，________________________________。

4. 地道表达学与练

（1）看起来容易做起来难

① 看视频一分钟，做起来半小时。包饺子真是看起来容易做起来难。

② 画画儿看起来容易做起来难，画出来的作品和想象中的差远了。

③ 刺绣真是________________________，一朵小小的花我都绣了一个小时了。

④ A：有哪些东西看起来容易做起来难？请你说一说。

B：____。

（2）咱们换换口味

① 别总是听流行音乐了，咱们换换口味，听点儿摇滚。

② 今天我们不在食堂吃了，咱们换换口味，点个外卖。

③ 平时我都喝冰水，____________________________________。

④ A：中午我们吃川菜怎么样？

B：____________________________________，点点儿鲁菜吧。

（3）一方水土养一方人

① 一方水土养一方人，北方人爱吃面，南方人爱吃米。

② 一方水土养一方人，山东人大方好客的性格和山东的地理位置有很大关系。

③ A：地理环境深刻影响着人们的生活和性格，你能举几个例子吗？

B：____。

（4）走过路过不要错过

① 全场清仓大甩卖，买一送一，走过路过不要错过。

② 瞧一瞧看一看，每件商品都两块，走过路过不要错过。

③ 用“走过路过不要错过”为山东煎饼写一句宣传词：__________________

____。

（5）三百六十行，行行出状元

① 三百六十行，行行出状元，每个岗位都有自己的价值。

② 他玩魔方打破了吉尼斯世界纪录，真是三百六十行，行行出状元。

③ ____。

决定一个人高度的不是职业，而是性格。

④ A：你怎么理解三百六十行，行行出状元？

B：____。

5. 文化点配对

山东高密的代表性手工艺	潍坊风筝
诞生于“世界风筝之都”的非遗技艺	高密剪纸
起源于山东的刺绣，首创了“发丝绣”的技艺	淄博陶瓷
民间的传统版画，常在新年时张贴	鲁绣
以蛋壳陶、雨点瓷为代表	杨家埠木版年画

6. 讨论与实践

（1）你最喜欢哪种山东民间艺术形式？说说你的理由。

（2）你们国家有什么独特的民间艺术形式？请和大家分享。

（3）学习制作窗花剪纸和“囍”字剪纸，再尝试剪出十二生肖图案。

拓展阅读

剪纸图案背后的文化寓意

剪纸是记载历史的“活化石”，作为一种民间艺术，它展现了特定地域的民俗习惯和历史活动。中国的剪纸题材丰富，图案多样，花鸟鱼虫、各类人物都可以作为剪纸的图案。它们不但造型美观，而且有特别的文化意义。

首先是“福”字剪纸，“福”代表着美满、平安和幸福。每到春节，人们总要在大门上贴上红色的“福”字，意思是福到了。身体健康是福，家庭美满是福，工作顺利是福，实际上，一切美好的事物都是“福”。在剪纸中，“福”的造型多样，可以和其他图案组合，比如汉字“福禄寿喜”，表达的是生活有福、工作高升、健康长寿和家庭喜乐。又比如“福”和“蝠”读音相同，所以五只蝙蝠组合在一起，意思是五福（蝠）临门。

其次是“喜”字剪纸，组建新的家庭往往是人生中的大喜事。喜事用“喜”字，

▲剪纸

因此它常见于新婚场合。结婚时的“喜”字图案一般为红色的双喜字。红双喜的图案代表着男女携手走进新生活。红双喜通常搭配鸳鸯、石榴、龙凤等图案。鸳鸯成双成对，象征着一对夫妻一生一世永不分离。石榴有许多籽，象征着多子多福。龙凤图案中，龙指男性，凤指女性，龙凤呈祥代表夫妻美满。

此外，十二生肖剪纸也独具特色，这类剪纸和中国的传统纪年法有关，即子鼠、丑牛、寅虎、卯兔、辰龙、巳蛇、午马、未羊、申猴、酉鸡、戌狗、亥猪。每当新的一年来临，人们总会在家中贴上传统的生肖剪纸。生肖的动物图案一般和历史故事、神话传说相结合，或是以动物的某种特质表达美好祝愿，比如虎虎生威、猴年大吉。

剪纸图案故事多，劳动人民运用谐音、图案象征等方法传递着内心最真实的期待。逢年过节，随处可见的剪纸作品装点了新生活，也表达了中国人祈福祝愿的文化心理，体现了悠久灿烂的中华文明。一代代人与时俱进，图案更新、剪法创新，剪纸的外在样式与技艺在不断更新、变化，而不变的是指尖的传承和技艺的灵魂。一张红纸，画出了幸福生活；一把剪刀，剪出了千年文化。

想一想

1. “福”字、“喜”字和十二生肖剪纸一般用在什么时候？它们的文化“密码”是什么？

2. 传统剪纸图案多，娃娃、葫芦、莲花、鲤鱼、牡丹、桃子分别代表了什么样的祝福？查找资料，说一说它们的使用场合。

第十四课　曲尽其妙动人心

生词	语言点	地道表达
1. 可惜	1. 以便	1. 台上一分钟，台下十年功
2. 贴近	2. 莫非	2. 什么风格的都有
3. 本身	3. 就算……，也……	3. 没什么看头
4. 娱乐	4. 尽管……，但是 / 可是……	4. 话不多说
5. 大气	5. 一旦……，就……	5. 算是来着了
6. 细腻		
7. 戏剧		
8. 剧本		
9. 道具		
10. 拥抱		

热身活动

一方水土养一方人，南方的乐曲细腻，北方的乐曲大气。山东是著名的曲艺之乡，沂蒙山小调、柳子戏、山东大鼓都具有齐鲁特色。听一听，谈谈你有什么感受。

文化加油站

一出好戏

戏曲是齐鲁大地文化遗产的重要内容。历史记载，在这片土地上先后出现过 30 多种地方曲艺。山东大鼓是中国北方地区现存最早的鼓曲艺术，因演奏时使用梨花片，所以又称为“梨花大鼓”。山东快书，名字中的一个“快”字说明了它的特点，它有说有唱，随时随地都能表演，可以说，演员在哪儿舞台就在哪儿。

山东琴书至今约有六百年的历史，表演时演员坐在台上，只靠变化多样的声音和伴奏就能呈现出一场精彩的演出。琴书之后，产生了中国八大戏剧剧种之一——吕剧。吕剧是山东的地方剧种，语言淳朴，唱腔优美，深受人们喜爱。地方剧种常用方言来表演，比如福建的闽剧、四川的川剧、广东的粤剧，都会在表演中加入方言，让戏剧更接地气。

▲ 山东戏曲

A Great Show

Opera is an important part of the cultural heritage of the Qilu region. According to historical records, over 30 types of local folk art forms have appeared on this land successively. Shandong *Dagu* is the earliest drum music art that is still existing to this day in northern China. It is also called "Pear Blossom *Dagu*" due to the use of pear blossom slices during performance. Shandong *Kuaishu*, with the character "*kuai*, literally meaning fast" in its name indicating its characteristics, has both speech and singing, and can be performed at any time and any place. It can be said that wherever the actors are, the stage is there.

Shandong *Qinshu* has a history of about 600 years. During the performance, actors sit on the chairs on the stage. Just with diverse sounds and accompaniment, they can present a wonderful performance. After *Qinshu*, one of the eight major Chinese theatrical genres emerged— Lü opera. It is a local theatrical genre in Shandong deeply loved by people for its simple language and beautiful singing style. Local operas are often performed in dialects, such as Min opera in Fujian, Sichuan opera in Sichuan, and Cantonese opera in Guangdong. The incorporation of dialects into the performances makes the drama more down-to-earth.

生词

1. 可惜	kěxī	（形）	regrettable
2. 贴近	tiējìn	（动）	be close to
3. 本身	běnshēn	（代）	per se

4. 娱乐	yúlè	（动）	provide entertainment; amuse
5. 大气	dàqì	（形）	magnanimous
6. 细腻	xìnì	（形）	fine and exquisite; subtle
7. 戏剧	xìjù	（名）	drama
8. 剧本	jùběn	（名）	script
9. 道具	dàojù	（名）	prop
10. 拥抱	yōngbào	（动）	embrace

课文

（王莉和大卫正在观看春节戏曲晚会，第一个节目是山东快书）

大　卫：没想到演的是《武松打虎》，可惜我听不懂方言。

王　莉：快书用方言来表演，以便贴近普通人的生活。听不懂也没关系，艺术本身就是一种语言，让我们慢慢感受吧。

大　卫：我看演员不但要说唱，还要打快板，看着简单，其实对演员的能力要求很高。

王　莉：台上一分钟，台下十年功。山东快书不但表演有趣，而且坚持创新。现在快书发展得越来越好了，什么风格的都有。

主持人：下一个节目我们将前往沂蒙山，请欣赏《沂蒙山小调》。

大　卫：沂蒙山上好风光，歌曲唱得真美，不过什么是小调？

王　莉：小调是一种用以抒情、娱乐的民歌。《沂蒙山小调》可经典了，它和《茉莉花》一起被联合国教科文组织认定为中国最具代表性的两首民歌。

▲ 多彩沂蒙山

主持人：南北融合在曲艺上也少不了。柳子戏融合了北曲的大气和南戏的细腻。请欣赏戏剧《孙安动本》。

大　卫：听名字好像和历史故事有关，莫非柳子戏有着悠久的历史？

王　莉：柳子戏是中国戏曲四大古老剧种之一。俗话说，“吃肉要吃肘子，听戏要听柳子”。

大　卫：真精彩！我以为没什么看头，但就算我是个外国人，也被孙安的故事深深感动了。

王　莉：下一个节目到山东大鼓了。你看，演员表演时用的是矮脚小鼓，一边敲一边唱。

大　卫：舞台上还有各种乐器，像一场音乐会。

主持人：欣赏完鼓曲，来点儿热闹的！话不多说，胶州秧歌来了。

王　莉：胶州的秧歌有点儿特别，它有剧本还有道具，演员还有自己的专业分工。

▲ 中国秧歌舞蹈插画

大　卫：这舞蹈看着就让人高兴，我算是来着了。尽管语言不同，但是我们对传统艺术的热爱是一样的。

王　莉：艺术不分国家，一旦你开始欣赏传统艺术，你就会主动拥抱它的美。

想一想，说一说：

1. 山东快书为什么要用方言来表演？
2. 什么是小调？柳子戏有什么特点？
3. 谈一谈胶州秧歌有什么特别之处。

文化点注释

1. **山东快书：** 流行于山东境内的单人表演，是以说唱为主的曲艺形式。乐器通常为快板或者鸳鸯板，表演不受空间限制，可以随时随地演出。传统山东快书的节目以武松为主，代表作有《武松打虎》《东岳庙》《狮子楼》等。
2. **《沂蒙山小调》：** 一首流行于山东西南地区的民歌，带有山歌特点，主题是赞美沂蒙山水。小调是一种民间歌曲，人们在日常生活中常用小调来表达感情、娱乐放松。
3. **柳子戏：** 流行于山东等地的地方传统戏剧，国家级非物质文化遗产之一，又叫“弦子戏”。优秀剧目有《孙安动本》《白兔记》《金锁记》等。
4. **山东大鼓：** 起源于山东农村的鼓曲，又叫“梨花大鼓”，表演时一般由一二人唱，二三人伴奏，主要乐器有矮脚小鼓、大三弦和梨花片。
5. **胶州秧歌：** 胶州市传统舞蹈，国家级非物质文化遗产之一。表演时演员服装鲜艳，动作紧跟音乐变化，基本动作有“小扭”“棒花”等。胶州秧歌和鼓子秧歌、海阳秧歌并称为山东三大秧歌。

练习

1. 根据课文内容判断正误

（1）山东快书有许多与武松有关的节目，比如《武松打虎》。 （ ）

（2）《沂蒙山小调》和《甜蜜蜜》曾被联合国教科文组织认定为中国最具代表性的两首民歌。 （ ）

（3）柳子戏融合了北曲的细腻和南曲的大气。 （ ）

（4）山东大鼓表演时使用的是矮脚大鼓。 （ ）

（5）胶州秧歌有剧本有道具，但演员的分工是一样的。 （ ）

2. 选词填空

贴近	娱乐	大气	细腻	道具

（1）真正精彩的魔术不仅要 ________ 普通人的生活，而且要使用独特的 ________，配合魔术师的技巧，带给观众视觉上的享受。

（2）看电影、听音乐、去旅游都是很好的 ________ 方式。

（3）一桌四八席，三十二道菜，山东人性格 ________，热情好客，在食物中有着深深的体现。

（4）春天最适合吃鲈鱼，这时的鲈鱼肉肥而不油，口感 ________。

3. 语言点学与练

以便

莫非

就算……，也……

尽管……，但是 / 可是……

一旦……，就……

（1）以便

① 购物后要保存好小票，以便享受售后服务。

② 景区的介绍一般都有多种语言翻译，以便不同国家的人理解。

③ 食堂提供了不同地区的美食，________________________________。

④ 商场设置了母婴室，________________________________。

（2）莫非

① 今天不是没课吗？莫非我看错课程表了？

② 王莉早上没来学校，莫非是生病了？

③ 看你们打招呼的样子，________________________________？

④ 他一直是个小气的人，今天居然主动结账，________________________________？

（3）就算……，也……

① 运动后就算再渴，也不能一口气喝太多水。

② 就算春运人再多，票再难买，中国人也要回家过年。

③ 期末作业比较多，就算要旅行，________________________________。

④ ________________________________，也要去看演唱会。

（4）尽管……，但是 / 可是……

① 尽管考试有些难，但是大部分同学都通过了。

② 尽管在人生中会遇到一些困难，可是只要勇敢去做，最终都会有好结果。

③ 尽管我们来自不同的国家，________________________________。

④ 尽管我出门前检查了好几遍，________________________________。

（5）一旦……，就……

① 一旦决定去做，就不要拖延。

② 湿地一旦被破坏，就很难恢复了。

③ ________________________________，就不能违反承诺。

④ 商品一旦拆封使用，________________________________。

4. 地道表达学与练

（1）台上一分钟，台下十年功

① 台上一分钟，台下十年功。观众看的是比赛，运动员拼的是平时的努力。

② 成为一个优秀的主持人并不容易。台上一分钟，台下十年功。

③ A：用自己的话谈谈你对“台上一分钟，台下十年功”的理解。

B：______________________________。

（2）什么风格的都有

① 中式的、美式的、欧式的，家具城什么风格的家具都有。

② 我喜欢的音乐什么风格的都有，有淳朴的民谣，也有疯狂的摇滚。

③ 青岛八大关汇集了俄、英、法、德、美、日等二十多个国家的各式风格的建筑，可以说，______________________________。

④ 走过路过不要错过，我们家的衣服种类多，______________________________。

（3）没什么看头

① 这本书没什么看头，我不建议你买。

② 今天的晚会表演非常无聊，没什么看头。

③ 这部电视剧______________________________，讲的都是一些过时的故事。

④ 本以为山东博物馆______________________________，没想到打开了一扇了解齐鲁文化的窗户。

（4）话不多说

① 话不多说，让我们把时间和掌声留给更多精彩的节目。

② 广告回来，精彩继续，话不多说，让我们一起走进《齐鲁文化大会》。

③ 这次任务时间紧、任务急，______________________________。

④《沂蒙山小调》是中国民歌的经典作品，______________________________。

（5）算是来着了

① 冬天到哈尔滨算是来着了，冰雪世界美丽极了。

② 下一个节目是著名的小提琴曲《梁祝》，我们算是来着了。

③ 春天的泉城公园樱花、玉兰争相开放，________________________________。

5. 文化点配对

以说唱为主，传统节目主要与武松有关	《沂蒙山小调》
流行于山东地区的著名民歌，主题是赞美沂蒙山水	山东快书
又叫“梨花大鼓”，表演时有人唱有人伴奏	柳子戏
胶州市传统舞蹈，山东三大秧歌之一	胶州秧歌
地方传统戏剧，又叫“弦子戏”	山东大鼓

6. 讨论与实践

（1）说一说山东的地方戏剧曲艺有什么特点。

（2）欣赏山东传统戏剧曲艺，谈谈跟你们国家的戏剧有什么不同。

（3）传统文化只有不断创新才有生命力。你对传统戏剧创新有什么看法？

拓展阅读

聊城杂技的千年传奇

聊城是中国杂技的发源地之一。传承千年的古老艺术在新时代的潮流中焕发出新的光彩，作为国家级非物质文化遗产，聊城杂技奇在历史，更奇在技艺。

聊城杂技奇在历史。杂技的历史最早可以从原始社会算起。《史记》记载杂技源于“角抵”，角抵起初是一种作战技能，后来变成了民间两两竞技的娱乐方式，发展出了“角抵戏”。三国时期，东阿王曹植在聊城播下了杂技马戏的种子。此后各个朝代，聊城的杂技都有所发展，出现了著名的杂技村和杂技班。1970年，聊城地区正式成立了杂技团。

聊城杂技奇在技艺。聊城杂技主要有马戏、魔术、表演三大类别，重视腰腿顶功，《顶碗》《抖空竹》《转碟》等杂技类节目深受中外观众喜爱。杂技艺术讲究新、难、奇、险、美。首先是“新”，杂技节目要与时俱进，从最古老的“飞去来器”到今天的东阿杂技剧《青花瓷转碟》，杂技始终根据最新的时代活动创作新的节目作品。其次是“难、奇、险”，杂技表演不走寻常路，常用普通人做不到的、日常生活中见不到的各类动作吸引观众。节目只有够难够奇，才能体现杂技演员的功力，再用道具和动作不断铺垫，最终呈现“险”的特点。比如高空节目《空中飞人》《高车踢碗》《走钢丝》等。以《顶碗》为例，可以采用单手顶或双人顶，表演者把一些碗从头上移动到脚上，又从脚上移动到头上。在难度上，再加入前滚翻、倒立等动作。整个节目险中求稳，动静结合，碗不掉，人不倒。最后是“美”，杂技也讲究美学，除了技巧性节目外，杂技也有歌舞表演。比如《东方天鹅——芭蕾对手顶》节目，演出中既加入了舞蹈和体育的元素，又保留了对手顶的技巧，表现出传统和现代的融合。

▲山东杂技团表演《东方天鹅——芭蕾对手顶》

想一想

1. 聊城杂技的千年传奇，“奇”在什么地方？杂技的技艺有什么特点？

2. 查阅资料，说一说人们在传承和保护聊城杂技上运用了哪些手段，付出了哪些努力。

第八单元　品牌特产

第十五课　那些你不知道的山东制造

生词	语言点	地道表达
1. 沉浸	1. 以……的速度……	1. 甭提多……了
2. 研发	2. 一是……，二是……，三是……	2. 过了（一）把……瘾
3. 领跑	3. 不妨	3. 具备天时地利的条件
4. 首选	4. 虽说……，但……	4. 我也不贪心，……
5. 模拟	5. ……远比……	
6. 往常		
7. 灵活		
8. 震撼		
9. 艘		
10. 配置		
11. 响当当		

热身活动

“好客山东，好品山东”可谓是山东的金字招牌，你知道山东盛产哪些“好品”吗？你知道哪些有名的山东品牌？

文化加油站

山东到底有多少个“全国第一”？

作为中国北方第一经济大省，山东创下了很多第一的成绩，如蔬菜产量全国第一、黄金储量全国第一、啤酒产量全国第一。山东为什么会有这么多“全国第一”？

山东物阜民丰，是全国首个农林牧副渔总产值破万亿的省份，生产约占全国 8% 的粮食、11% 的水果、12% 的蔬菜和 13% 的水产品，为国家粮食安全贡献了山东力量。在寿光，蔬菜种子可以进入太空，烟台苹果、莱阳梨和大樱桃的品种复杂多样。除了种植农作物，山东人还善于“种”海鲜，山东有着占全国 40% 的国家级海洋牧场。山东人“以海为田”，每年“种”出 650 万吨海鲜，让你轻松实现“海鲜自由”。

山东拥有完备的工业体系，是中国唯一拥有全部 41 个工业大类的省份。山东坐拥多个国家级制造业单项冠军，中国重汽、海尔、海信、青岛啤酒等企业更是享誉全球。海岸线旁，“蓝鲸 1 号”傲视群雄，代表当今世界海洋钻井平台设计建造的最高水平。交通网中，全国一半以上的动车组产自青岛中车四方，这让坐着高铁看中国成为可能。天空上，C919 一飞冲天，圆了中国人的国产大飞机梦。公路上，山东制造的重型卡车发动机性能稳定、动力强劲。毫不夸张地说，上到“大国重器”，下到日用百货，凡是你能想到的，山东几乎都能自产自造。这些成绩的背后是山东科技的硬核实力。

▲ 山东汽车制造

How Many "National Firsts" Are There in Shandong?

As the largest economic province in northern China, Shandong has achieved many firsts, such as the first place in vegetable production, gold reserves, and beer production. Why do Shandong have so many national firsts?

Shandong has abundant product and people there live in prosperity. It is the first province in China with a total output value of agriculture, forestry, animal husbandry, side hustle and fishery exceeding one trillion *yuan*. It produces about 8% of the country's grain, 11% of its fruits, 12% of its vegetables, and 13% of its aquatic products, contributing to the country's food security. In Shouguang, vegetable seeds can enter space, and the apples in Yantai, the pears and cherries in Laiyang are complex and diverse in variety. In addition to growing crops, Shandong people are also good at "growing" seafood. Shandong has 40% of national marine ranches. Shandong people "use the sea as their field", planting 6.5 million tons of seafood every year, making it easy for you to achieve "seafood freedom".

Shandong has a complete industrial system and is the only province in China with all the 41 major industrial categories. Shandong has multiple national manufacturing industry champions, and enterprises such as Sinotruk, Haier, Hisense, and Tsingtao Brewery are world-renowned. Along the coastline, the "Bluewhale I" stands tall among its peers, representing the highest level of design and construction of ocean drilling platforms in the world today. In the transportation network, more than half of MUs in China are produced by CRRC Sifang in Qingdao, which makes it possible to see China by high-speed trains. In the sky, the C919 soared into the sky, fulfilling the Chinese people's dream of producing large airplanes made in China. On the highways, heavy-duty truck engines manufactured in Shandong have stable and powerful performance. It is not an exaggeration to say that Shandong can almost make everything you can think of on its own, ranging from "the pillars of a great power" to daily necessities. Behind these achievements is the hardcore strength of science and technology in Shandong.

生词

1. 沉浸	chénjìn	（动）	be immersed in
2. 研发	yánfā	（动）	research and develop
3. 领跑	lǐngpǎo	（动）	take the lead
4. 首选	shǒuxuǎn	（动）	be the first choice
5. 模拟	mónǐ	（动）	simulate
6. 往常	wǎngcháng	（名）	past; former times
7. 灵活	línghuó	（形）	flexible
8. 震撼	zhènhàn	（动）	be thrilling
9. 艘	sōu	（量）	*a measure word for boats or ships*
10. 配置	pèizhì	（动）	configure
11. 响当当	xiǎngdāngdāng	（形）	outstanding; excellent

课文

（大卫和王莉约好一起去参观山东省科技馆，沉浸式感受山东的科技发展成就）

讲解员：现在，我们走进的是现代发展成就区。山东高铁创造了多项“第一”……

大　卫：咦，这不是上次我们坐的“复兴号”吗？这儿怎么会有它的模型？

王　莉：这你就不知道了吧？“复兴号”是山东青岛中车四方公司自主研发的高铁，以350千米每小时的速度领跑世界高铁。

大　卫：速度的确是快。现在，乘高铁出行成了我的首选，一是速度快，二是安全，三是舒适。要是再买个商务座，还能躺着睡一觉……甭提多舒服了！

王　莉：这儿可以模拟驾驶高铁，你感兴趣吗？我们不妨去体验一下。

▲“复兴号”列车

（他们走进了驾驶体验仓）

大 卫：今天算是过了一把驾驶瘾。快看！那儿在模拟火箭发射。往常我见到的火箭都在陆地上发射呀！这怎么是从海上发射的呢？

王 莉：相较于陆地发射，海上发射更灵活、安全和经济。山东烟台海阳港具备天时地利的条件，拥有中国唯一一个海上火箭发射母港。

大 卫：虽说在视频中看过好多次，但第一次这么近距离地观看，感觉好震撼。

王 莉：看了天上的、地下的，下一个展厅是海里的山东舰了。山东舰是中国第一艘国产航空母舰，在技术和配置上都是世界领先水平。

▲中国军事博物馆山东舰航母模型

大　卫：看了这么一圈，山东的科技力量远比我想象的强大。

王　莉：其实，山东科技一直离我们很近。像海尔、海信等这些响当当的名字，都是山东制造的代表。如果要你在这个展厅选一样带回国，你最想带走什么？

大　卫：我也不贪心，我最想把高铁带回我们国家。

想一想，说一说：

1. 山东省科技馆展厅为什么会出现“复兴号”动车组的模型？
2. 火箭一般是从陆地发射的，为什么中国会有海上火箭发射母港？从海上发射火箭有哪些优势？
3. “好品山东遍天下”，你最喜欢的山东产品是什么？说一说你的理由。

文化点注释

① **山东高铁**：青岛中车四方是中国重要的高铁动车研发和生产基地，全中国一半以上的动车组产自青岛中车四方。

② **海上火箭发射母港**：依托山东烟台优越的地理位置和港口条件，海阳东方航天港是中国唯一一个海上发射的母港。

③ **山东舰**：中国自主建造的第一艘国产航空母舰，意味着中国正式掌握了现代航母建造技术，也标志着中国海军正式迎来了国产航母时代。

④ **海尔**：山东国际家电品牌，是在海外布局专利最多的中国家电企业，总部在山东青岛。海尔商标的演变是海尔从中国走向世界的见证。

⑤ **海信**：山东本土家用电器企业，总部在山东青岛。调研数据显示，截至 2023 年底，海信电视的销量蝉联全球第二，稳居中国第一。

练习

1. 根据课文内容判断正误

（1）“复兴号”动车组由中车四方制造，其运营时速处于世界领先水平。 （ ）

（2）大卫没有体验过中国的高铁，飞机是他喜欢的出行方式。 （ ）

（3）火箭不仅可以在陆地上发射，还可以在海上发射。 （ ）

（4）中国的第一艘国产航母是辽宁舰。 （ ）

（5）海尔、海信、青岛中车四方都是山东制造的代表。 （ ）

（6）大卫最想把高铁带回国给家人和朋友体验。 （ ）

2. 选词填空

沉浸　研发　模拟　首选　配置　灵活

（1）龙飞船是世界上第一艘由私人公司 ________ 的航天飞船。

（2）泼水节是傣族的新年佳节。人们相互泼水，载歌载舞，________ 在节日的欢乐中。

（3）买电脑如何选 ________ 真是一门大学问。

（4）吉林长白山是冬季旅游的 ________ 目的地，在那里可以看最美的雪景。

（5）一群猴子在山崖的树枝间跳来跳去，轻巧又 ________。

（6）飞行员的技术是通过 ________ 飞行来检测的。

3. 语言点学与练

以……的速度……

一是……，二是……，三是……

不妨

虽说……，但……

……远比……

（1）以……的速度……

① 地球以每秒 465 米的速度自转，为什么我们却一点儿感觉也没有呢？

② 跳伞是一项极限运动，在高空以极快的速度下落。

③ 为了安全，自动扶梯 ____。

④ 上下班高峰期堵车相当严重，____________________________________。

（2）一是……，二是……，三是……

① 每天吃几粒板栗好处多多，一是健脾，二是补肾，三是强筋骨。

② 人类文明发展经历了四个阶段：一是原始文明，二是农业文明，三是工业文明，四是生态文明。

③ 饺子这么受欢迎是有原因的，____________________________________。

④ 山东科技实力体现在许多方面，__________________________________。

（3）不妨

① 想要缓解眼部疲劳，不妨试试这款菊花枸杞茶。

② 人生贵在行动，犹豫不决时，不妨先迈出一小步试试。

③ 如果压力太大，____。

④ 当自己的能力还不足以实现目标时，______________________________。

（4）虽说……，但……

① 虽说朋友间开玩笑是常事，但也要掌握好度。

② 毕业后大家各奔东西，虽说要常聚，但聚齐所有人实属不易。

③ 虽说我们现在过上了吃饱饭的日子，______________________________。

④ 虽说这部电影没有多少人知道，__________________________________。

（5）……远比……

① 这部影片由真实事件改编，但现实远比电影更精彩。

② 学习品质远比学习成绩更重要。

③ 真正的对手只有自己，战胜自己 ________________________________。

④ 俗话说，耳听是虚，眼见为实。________________________________。

4. 地道表达学与练

(1) 甭提多……了

① 中国人炒菜讲究"锅气"。刚出锅的饭菜，甭提多香了。

② 有一种喝酒方式，叫山东人喝酒。啤酒对瓶吹，甭提多豪迈了。

③ 出趟门手机却丢了，__________________________________。

④ A：恭喜你收到了录取通知书，现在你心里______________________？

B：来日方长，这只是人生的一个新开始。

(2) 过了（一）把……瘾

① 下班之后，我约上几个同事打了场球，痛快地过了一把球瘾。

② 春节期间，我实实在在地过了一把玩的瘾。

③ 拍戏做群演______________________________________。

④ 高铁上不让抽烟，一到站，________________________________。

(3) 具备天时地利的条件

① 任何大事业的成功都必须具备天时地利的条件。

② 山东发展海洋渔业具备天时地利的条件。

③ 现在，创业环境越来越好，________________________________。

④ 粤港澳大湾区区位优势明显，______________________________。

(4) 我也不贪心，……

① 交朋友，我也不贪心，有两三个知心好友就满足了。

② 我也不贪心，这次投资能回本就满足了。

③ A：如果人生能重来，你愿意回到多少岁呢？

B：____。

④ 真羡慕你的发量，______________________________________。

5. 文化点配对

山东烟台海阳港	山东高铁
截至 2023 年底，电视销量蝉联全球第二	海上火箭发射母港
中国第一艘国产航母	海尔
山东家电名企	海信
青岛中车四方	山东舰

6. 讨论与实践

（1）中国制造看山东，试着分析山东制造业发达的原因。

（2）“好品”是山东的另一张名片，你还知道哪些有名的山东科技成就?

（3）请设计一场山东科技成就创意展，说一说你的设计思路。

拓展阅读

家喻户晓的海尔兄弟

说到海尔品牌的形象代言人，大多数人脑海里浮现出的一定是那两个只穿裤衩儿的小男孩儿，但你可能不知道这两个小男孩儿背后那段中德商业合作的传奇故事。

时间回到1984年，那时海尔的前身青岛电冰箱总厂刚起步，没有技术和资金，发展受阻。1985年，工厂引进德国利勃海尔公司的先进技术和设备，生产了亚洲第一代“四星级”冰箱。为了体现中德双方的合作，工厂将冰箱命名为“琴岛—利勃海尔”，并设计了吉祥物“海尔兄弟”，命名为“琴岛”和“海尔”。琴岛是中国人，黄皮肤、黑头发，竖着大拇指，代表勇争第一，也代表着青岛。海尔是德国人，白皮肤、金头发，手里拿着冰激凌，代表制冷技术，也代表着德国。之后，青岛电冰箱总厂的名称经过多次变更，于1993年正式更名为海尔集团。海

▲海尔展会

尔的商标也最终确定了下来，由中文“海尔”、英文“Haier”和海尔兄弟图标组成。

如何让“海尔”的形象深入人心，人们思考许久，最终想到利用动画片给产品做宣传。但由于当时中国国内动画制作水平不是很高，海尔集团也对卡通人物有严苛的要求。一直到1995年，海尔集团才找到合适的制作公司，动画片从制作到播出花费了近八年的时间。动画片以卡通形象“海尔兄弟”为主人公，并赋予其新的身份——智慧老人创造的一对机器人，讲述了他们为解决人类面临的灾难、解开自然之谜而环游世界的探险故事。动画片一经播出反响热烈，《海尔兄弟》也成了中国成功的科普动画，将海尔兄弟这一形象顺利打入万千家庭，海尔冰箱的销量也一路走高。《海尔兄弟》动画片也成为营销史上最成功的案例之一。

想一想

1. 海尔兄弟这一商标是怎么设计出来的？每个部分有什么寓意？

2. 说一说，你从海尔集团成功的故事中学到了什么。

3. 若你要参加海尔集团发起的“海尔兄弟”新形象征集活动，你会怎样设计？

第十六课　买点儿特产带回家

生词	语言点	实用招牌句
1. 特产	1. 好在……，不然……	1. ……挺抢手的
2. 应有尽有	2. 一直到……为止	2. 在家靠父母，出门靠朋友
3. 知名	3. 和……相比……	3. ……是……的金字招牌
4. 明亮	4. 不说别的，就说……	4. 经典中的经典
5. 腻	5. 非……不可	5. 再合适不过
6. 分离		
7. 号称		
8. 爽口		
9. 优质		
10. 助眠		
11. 口感		
12. 长辈		

热身活动

“烟台苹果莱阳梨，不如潍坊萝卜皮。”每个地方都有自己的特产，你知道山东有哪些特产吗？这些特产又有什么特别之处？

文化加油站

好品山东　“嗨”购体验

山东地处黄河下游，临渤海、黄海，地大物博，物产丰富。一提到山东特产，很多人的第一印象可能是煎饼卷大葱。其实，山东的知名品牌特产数不胜数，如世界500强品牌青岛啤酒、“补血圣药”阿胶的代表东阿阿胶、“天下第一鸡”德州扒鸡、“中华名果”烟台红富士、“江北第一茶”日照绿茶等。

除此之外，山东平阴县还是驰名中外的玫瑰之乡，产出的玫瑰花大色艳，被誉为“中国传统玫瑰的代表”。“牡丹之都”菏泽不但有着世界面积最大、品种最多的牡丹生产基地，色彩绚丽的菏泽鲁锦也是远销海内外。“仙境海岸”烟台凭借优越的地理位置生产出糖分充足、品质优良的葡萄，成为中国葡萄酒工业的摇篮和亚洲唯一的国际葡萄酒城。烟台还有知名的龙口粉丝，因其原料好、加工精细、质量优异，被称为“粉丝之冠”。在“琉璃瓷都”淄博，既有极具山东特色的小葱烧烤，还有以“酥、香、薄、脆”四大特点而出名的周村烧饼，其制作技艺也是国家级非物质文化遗产之一。

▲青岛国际啤酒城

The Good Products and Wonderful Shopping Experience in Shandong

Shandong is located in the lower reaches of the Yellow River, bordering the Bohai Sea and Yellow Sea. It is vast in territory and rich in natural resources. When it comes to Shandong specialties, many people may first think of pancakes rolled with scallions. In fact, there are countless famous brands and specialties in Shandong, such as Tsingtao Brewery, which is one of the world's top 500 brands; Dong'e donkey-hide gelatin, which is the representative of the "efficacious blood tonic" E-gelatin; Dezhou braised chicken, which is reputed as "the best chicken in the world"; Fuji apples in Yantai, which is known as "the famous fruit in China"; and the green tea in Rizhao, which is reputed as the "No. 1 tea in the north of the Yangtze River", etc.

Besides these, Pingyin County in Shandong Province is also renowned as the hometown of roses both at home and abroad, producing big and beautiful roses that are known as the "representative of traditional Chinese roses". Heze, known as the "Peony Capital", not only has the largest and most diverse peony production base in the world, but also produces the gorgeous Lu brocade and sells it to China and the rest of the world. Yantai, known as the "Wonderland Coast," has grapes with abundant sugar and excellent quality due to its superior geographical location. It has become the cradle of China's wine industry and the only international wine city in Asia. Renowned as the "Crown of Fans", Yantai also has the Longkou Fans, which is well-known due to their good raw materials, fine processing, and excellent quality. In Zibo, the "Capital of Colored Glaze and Porcelain", there are not only the scallion barbecue with Shandong characteristics, but also the Zhoucun *shaobing* famous for its four characteristics of being "crispy, fragrant, thin and crisp". Its production technique is one of the national intangible cultural heritage.

生词

1. 特产	tèchǎn	（名）	special local product
2. 应有尽有	yīngyǒu-jìnyǒu		have everything that one could wish for
3. 知名	zhīmíng	（形）	famous
4. 明亮	míngliàng	（形）	bright
5. 腻	nì	（形）	greasy
6. 分离	fēnlí	（动）	separate
7. 号称	hàochēng	（动）	be known as
8. 爽口	shuǎngkǒu	（形）	refreshing
9. 优质	yōuzhì		high-quality
10. 助眠	zhùmián	（动）	help sleep
11. 口感	kǒugǎn	（名）	texture of food
12. 长辈	zhǎngbèi	（名）	senior member of a family

课文

（王莉陪大卫逛印象山东特产店）

大卫：王莉，这里真是应有尽有，好在你陪我来了，不然我可要挑花眼了。

王莉：你看看想买什么，这里的特产都挺抢手的。今天我陪你一直到满意为止。

大卫：太感谢你了，真是在家靠父母，出门靠朋友。我爸爸喜欢喝茶，我想先给他买点儿茶叶。

王莉：茶叶的话你看这里，这是山东知名的日照绿茶，被誉为"江北第一茶"。它泡出来的汤色是黄绿明亮的，还有一种特殊的香气，非常好喝。

▲日照绿茶山上茶园

大卫：听你的准没错，来几盒。我还要给我妹妹买点儿吃的，有什么推荐吗？

王莉：可以买点儿德州扒鸡，它是德州的金字招牌，香而不腻，骨肉分离，号称“天下第一鸡”。还有这边的烟台苹果也不错，甜脆爽口，皮薄多汁，别提多好吃了。

大卫：听着好诱人，我都要流口水了，买点儿尝尝。

▲德州扒鸡

▲烟台苹果

王莉：如果你喜欢喝啤酒的话，还可以买点儿青岛啤酒。提到山东特产，它可谓是经典中的经典，远销海内外，已经成了山东的一张名片。

大卫：我没喝过，和普通啤酒相比，它有什么特别之处吗？

王莉：不说别的，就说它使用的崂山水和优质大麦，就是其他啤酒没法儿比的。

大卫：说得我等会儿非来一杯不可。对了，你觉得我给我妈妈买点儿什么好呢？

王莉：你可以买东阿阿胶。它的原料是东阿阿井水和驴皮，不但补血补气，而且安神助眠，价值高、口感好。长辈吃这个再合适不过了。

大卫：那太需要了，我妈妈一直有失眠的烦恼。我给她买一些试试。王莉，今天你陪我挑了这么多好东西，真不知道怎么感谢你。

王莉：咱俩谁跟谁啊，好朋友之间不用客气。

想一想，说一说：

1. 山东德州美食的金字招牌是什么？它有什么美称？
2. 青岛啤酒和普通啤酒相比有什么特别之处？阿胶有什么作用？
3. 大卫给家人都买了什么不一样的礼物？

文化点注释

1. **日照绿茶：** 产自山东省日照市，属于北方茶叶，是中国国家地理标志产品。有清热解毒、去腻消食的作用。日照绿茶按产季分为春茶、夏茶、秋茶。
2. **德州扒鸡：** 山东传统名吃，鲁菜经典，又称“德州五香脱骨扒鸡”。其制作技艺属于国家级非物质文化遗产。
3. **烟台苹果：** 烟台苹果品种多，以红富士最负盛名。果实大、果形正，色泽鲜艳红润，口味酸甜适口，可以起到帮助消化、养颜润肤的作用。
4. **青岛啤酒：** 选用优质大麦、大米、上等啤酒花和崂山矿泉水制成。原麦汁浓度为12度，酒液清澈透明、呈淡黄色。它是世界品牌500强之一。
5. **崂山：** 位于山东省青岛市东部，道教发祥地之一，是有名的海上仙山。中国重要的海岸风景胜地、中国国家5A级旅游景区。

❻ **阿胶**：主要是由驴皮熬制而成。阿胶的应用迄今已有三千年的历史，阿胶自古以来就被誉为“补血圣药”，从汉唐至明清一直都是皇家贡品。阿胶与人参、鹿茸合称“中药三宝”。东阿阿胶制作技艺属于国家级非物质文化遗产，其传统工艺有50多道工序，全为手工操作。

练习

1. 根据课文内容判断正误

（1）大卫的妈妈喜欢喝茶，所以他给妈妈买了日照绿茶。 （ ）

（2）烟台苹果又脆又甜，果皮厚，汁水多。 （ ）

（3）扒鸡是东阿的特产，也是一道经典鲁菜。 （ ）

（4）青岛啤酒和普通啤酒味道不同，是山东的经典特产。 （ ）

（5）阿胶具有补气血和安神助眠的功效。 （ ）

2. 选词填空

知名　　优质　　应有尽有　　号称　　口感

（1）趵突泉的泉水味道甘甜，泡出来的茶 ______ 很好。

（2）百货商店里的商品种类很多，可以说 ________。

（3）孩子的教育问题是家庭大事，父母都希望孩子从小就接受 ______ 的教育。

（4）泰山虽然不是五岳之中最高的，但是文化地位却很高，______ “五岳独尊”。

（5）她是一位 ______ 作家，拥有很多忠实的粉丝。

3. 语言点学与练

好在……，不然……
一直到……为止
和……相比……
不说别的，就说……
非……不可

（1）好在……，不然……

① 好在老师在这里，可以帮你一把，不然你一个人可怎么办。

② 今天突然降温了，好在教室开了空调，不然该着凉了。

③ 这次旅行意外事件太多了，好在你提前做了攻略，不然 ______________。

④ A：老师说明天早上交汉字作业，你别忘了。

B：______________________________。

（2）一直到……为止

① 方案设计就是需要不断地修改，一直到客户满意为止。

② 他玩游戏一直玩到电脑没电为止，算是过了把游戏瘾。

③ 我不会放弃学习游泳。我会继续努力，______________。

④ A：王莉怎么还没来，我们还要等多久？

B：既然说好了，我们就要等她，______________。

（3）和……相比……

① 和大自然相比，人类真的非常渺小。

② 你不用总是拿自己和别人相比，只要有进步就可以了。

③ 这篇文章虽然已经很不错了，但是 ______________。

④ A：你更喜欢去大城市，还是留在家乡小县城？

B：虽然家乡小县城离家比较近，______________。

（4）不说别的，就说……

① 不说别的，就说我们的交情吧，都二十年的老朋友了还计较什么？

② 不说别的，就说青岛的经济吧，这几年的发展简直太快了。

③ ____________________，山东也值得你亲自去一趟。

④ A：你觉得成功的人有什么特点？

B：____________________。

（5）非……不可

① 还有那么长时间呢，你非现在写完不可吗？

② 我就不信，我非把毛笔字练好不可。

③ 这么近距离地看书，时间长了，你 ____________________。

④ 既然你答应了别人，就 ____________________。

4. 地道表达学与练

（1）……挺抢手的

① 售货员：这件新到的衣服挺抢手的，您要不要试一下？

② 这次音乐会的门票还真挺抢手的，刚上线不久就全卖完了。

③ 这本新书最近还 ____________________，卖出了十万本。

④ A：附近新开了一家餐厅，味道好像很不错，我见每天都有人排队。

B：____________________，我去了两次也没排到座位。

（2）在家靠父母，出门靠朋友

① 中国有句俗话叫“在家靠父母，出门靠朋友”。

② “在家靠父母，出门靠朋友”说出了朋友对人的重要性。

③ 俗话说，____________________，你要多结交益友。

④ A：这次我来山东，真是多亏你帮忙了

B：不用客气，____________________，朋友之间就应该互相帮助。

（3）……是……的金字招牌

① 王老师是我们学院的金字招牌，她的中文课你一定不能错过。

② 鲁菜是中国八大菜系之一，也是山东的金字招牌。

③ 山东品牌正在走向世界，______________________________。

④ A：“不到长城非好汉，不吃烤鸭真遗憾”，都到北京了我们买只烤鸭吃吧。

B：走，那我们去全聚德，它可是北京的______________________________。

（4）经典中的经典

① 我看了很多遍《平凡的世界》这部文学作品，它真的是经典中的经典。

② 说到川菜，麻婆豆腐可谓是经典中的经典，你可以去尝尝。

③ 如果你对中国建筑感兴趣，你可以去逛逛故宫，______________________。

④ A：在中国，一提到邓丽君，很多人就会想起她的《月亮代表我的心》。

B：是啊，______________________________，影响了一代人。

（5）再合适不过

① 青岛依山傍海，美食丰富，夏天去旅游再合适不过了。

② 她认真负责，担任这次活动的负责人再合适不过了。

③ 你的文章用词恰当，“精益求精”用在这里______________________。

④ A：我想今年去一次北京，什么时候去比较好？

B：北京秋天的时候气候凉爽，还能看到香山的红叶，__________________。

5. 文化点配对

北方茶叶，产于山东日照	德州扒鸡
山东知名啤酒品牌	东阿阿胶
口感甜脆，皮薄汁多	日照绿茶
“补血圣药”阿胶的代表	青岛啤酒
山东传统名吃，号称“天下第一鸡”	烟台苹果

6. 讨论与实践

（1）山东有哪些知名特产？选择你最喜欢的一个，说说它的特别之处。

（2）你的家乡有哪些有名的特产？和同学们互相分享交流一下。

（3）观看东阿阿胶的制作视频，画一画阿胶的制作过程。

拓展阅读

揭开阿胶的神秘面纱

据资料统计，阿胶在中国已有三千年的历史，自古就被誉为“补血圣药”，具有很好的养血补血功效，与人参、鹿茸合称“中药三宝”。阿胶最早是宫廷御药，后来才逐渐走进普通百姓家。从宫里到宫外的一小步，却是阿胶千年之旅的一大步。

我们都知道阿胶的主要制作原料是驴皮，那它为什么不叫驴胶而叫阿胶呢？谈到这里，就不得不说阿胶的产地了。中国南北朝时期著名医学家陶弘景在他的《名医别录》中曾说：“出东阿。”意思是阿胶产地在山东东阿，所以叫“阿胶”。东阿是国家认定的“中国阿胶之乡”，与贵州茅台镇、江西景德镇并称中国三大传统特产名镇。俗话说，一方水土养一方人，这是“一方水土产一方药”。

▲阿胶糕及部分原料

东阿独特的阿井水和上等的驴皮成就了东阿阿胶的品质。除此之外，东阿阿胶还有成熟严格的制作工艺，其关键程序有五十几道之多，任何一个环节出了问题，满盘皆废。其中一些具体的工艺参数各有不同，很多也不为外人所知。现在，中国在《中华人民共和国药典》中已经制定了相应的规范来保证阿胶的质量。

如今，人们为了让阿胶口感更好，会在阿胶中加入核桃、花生、黑芝麻、玫瑰花、枸杞、红枣等制成阿胶糕，把阿胶变成了人见人爱的小零食。这样不但能发挥阿胶的作用，还改善了口味，满足了不同人的食用喜好。食用阿胶糕好处多，不仅可以补血止血、滋补保健，还可以改善睡眠、美容养颜、增强人体免疫力。

想一想

1. 阿胶的主要原料是驴皮，为什么不叫驴胶而叫阿胶呢？食用阿胶又有什么好处呢？

2. 食物的背后往往有许多有意思的故事，选择你最喜欢的食物，找一找关于它的故事。

生词表

A

安顿	āndùn	（动）	1

B

本身	běnshēn	（代）	14
必不可少	bìbùkěshǎo		12
避暑	bìshǔ	（动）	9
部落	bùluò	（名）	4

C

长命百岁	chángmìng-bǎisuì		8
场面	chǎngmiàn	（名）	5
沉浸	chénjìn	（动）	15
称呼	chēnghu	（动）	1
充足	chōngzú	（形）	9
崇拜	chóngbài	（动）	2
刺绣	cìxiù	（名）	13
葱	cōng	（名）	11
错过	cuòguò	（动）	1

D

打卡	dǎkǎ	（动）	7

大饱口福	dàbǎokǒufú		1
大饱眼福	dàbǎoyǎnfú		10
大气	dàqì	（形）	14
岱庙	Dài Miào		3
当代	dāngdài	（名）	6
道具	dàojù	（名）	14
地位	dìwèi	（名）	3

E

二维码	èrwéimǎ	（名）	11

F

发源地	fāyuándì	（名）	13
放弃	fàngqì	（动）	4
分离	fēnlí	（动）	16
氛围	fēnwéi	（名）	8
封禅	fēngshàn	（动）	3
幅	fú	（量）	13
富有	fùyǒu	（形）	8

G

赶上	gǎnshàng	（动）	8
更换	gēnghuàn	（动）	13
公认	gōngrèn	（动）	5
公主	gōngzhǔ	（名）	9
攻略	gōnglüè	（名）	7
古老	gǔlǎo	（形）	2

官职	guānzhí	（名）	12
鬼怪	guǐguài	（名）	6

H

毫不夸张	háo bù kuāzhāng		6
豪放	háofàng	（形）	6
豪华	háohuá	（形）	12
好事成双	hǎoshì chéng shuāng		11
好运	hǎoyùn	（名）	3
号称	hàochēng	（动）	16
好客	hàokè	（形）	1
好奇	hàoqí	（形）	1
和谐	héxié	（形）	13
河床	héchuáng	（名）	4
荷花	héhuā	（名）	10
厚度	hòudù	（名）	2
葫芦	húlu	（名）	9
花样	huāyàng	（名）	12
环绕	huánrào	（动）	9
缓解	huǎnjiě	（动）	5
活力	huólì	（名）	13
火候	huǒhou	（名）	11

J

记忆	jìyì	（名）	7
纪念	jìniàn	（动）	5

寄托	jìtuō	（动）	8
见识	jiànshi	（名）	3
见笑	jiànxiào	（动）	1
建造	jiànzào	（动）	7
建筑	jiànzhù	（名）	5
交织	jiāozhī	（动）	10
仅次于	jǐn cì yú		5
精品	jīngpǐn	（名）	2
精致	jīngzhì	（形）	12
景点	jǐngdiǎn	（名）	7
景区	jǐngqū	（名）	9
敬仰	jìngyǎng	（动）	5
剧本	jùběn	（名）	14
军事	jūnshì	（名）	6

K

可惜	kěxī	（形）	14
口感	kǒugǎn	（名）	16

L

厉害	lìhai	（形）	6
邻国	línguó	（名）	2
灵活	línghuó	（形）	15
领跑	lǐngpǎo	（动）	15
领域	lǐngyù	（名）	6
流域	liúyù	（名）	4
旅途	lǚtú	（名）	1

M

名副其实	míngfùqíshí		3
名贵	míngguì	（形）	7
名望	míngwàng	（名）	3
明亮	míngliàng	（形）	16
模拟	mónǐ	（动）	15

N

南来北往	nánlái-běiwǎng		10
难得	nándé	（形）	2
内涵	nèihán	（名）	12
腻	nì	（形）	16

P

配置	pèizhì	（动）	15
烹饪	pēngrèn	（动）	11

Q

起源	qǐyuán	（名）	9
气质	qìzhì	（名）	10
亲戚	qīnqi	（名）	8
清澈	qīngchè	（形）	4

R

人才辈出	réncái bèichū		5

人气	rénqì	（名）	9
人物	rénwù	（名）	6
融合	rónghé	（动）	2

S

扫描	sǎomiáo	（动）	11
山顶	shāndǐng	（名）	3
擅长	shàncháng	（动）	11
上瘾	shàngyǐn	（动）	7
盛大	shèngdà	（形）	5
时机	shíjī	（名）	10
时期	shíqī	（名）	2
首选	shǒuxuǎn	（动）	15
授予	shòuyǔ	（动）	12
书法	shūfǎ	（名）	6
熟知	shúzhī	（动）	5
爽口	shuǎngkǒu	（形）	16
水源	shuǐyuán	（名）	10
水灾	shuǐzāi	（名）	4
顺便	shùnbiàn	（副）	5
艘	sōu	（量）	15
算盘	suànpán	（名）	8

T

趟	tàng	（量）	5
陶器	táoqì	（名）	2
特产	tèchǎn	（名）	16

题材	tícái	（名）	13
贴近	tiējìn	（动）	14
偷偷	tōutōu	（副）	5
推荐	tuījiàn	（动）	6

W

挖掘	wājué	（动）	10
婉约	wǎnyuē	（形）	6
往常	wǎngcháng	（名）	15
旺季	wàngjì	（名）	10
温和	wēnhé	（形）	4
文物	wénwù	（名）	2
五岳之尊	Wǔ Yuè zhī zūn		3
物质	wùzhì	（名）	3

X

习俗	xísú	（名）	8
戏剧	xìjù	（名）	14
细腻	xìnì	（形）	14
下功夫	xià gōngfu		4
下游	xiàyóu	（名）	4
香味	xiāngwèi	（名）	7
响当当	xiǎngdāngdāng	（形）	15
信仰	xìnyǎng	（名）	3
栩栩如生	xǔxǔ-rúshēng		13
学者	xuézhě	（名）	2

Y

沿着	yánzhe		7
研发	yánfā	（动）	15
宴席	yànxí	（名）	12
仪式	yíshì	（名）	8
应有尽有	yīngyǒu-jìnyǒu		16
拥抱	yōngbào	（动）	14
优质	yōuzhì		16
由来	yóulái	（名）	12
油腻	yóunì	（形）	11
有备而来	yǒubèiérlái		7
诱人	yòurén	（形）	11
娱乐	yúlè	（动）	14
愉快	yúkuài	（形）	3
与时俱进	yǔshí-jùjìn		13
运河	yùnhé	（名）	10

Z

增多	zēngduō	（动）	4
蘸	zhàn	（动）	11
长辈	zhǎngbèi	（名）	16
招待	zhāodài	（动）	1
招牌菜	zhāopáicài	（名）	11
震撼	zhènhàn	（动）	15
正宗	zhèngzōng	（形）	1
知名	zhīmíng	（形）	16
侄女	zhínǚ	（名）	8

治理	zhìlǐ	（动）	4
助眠	zhùmián	（动）	16
注重	zhùzhòng	（动）	13
装饰	zhuāngshì	（动）	8
壮观	zhuàngguān	（形）	3
走近	zǒujìn	（动）	13
遵守	zūnshǒu	（动）	12